HEYNE <

DR. OETKER

LOW FAT
KOCHEN UND BACKEN

WILHELM HEYNE VERLAG
MÜNCHEN

Light liegt im Trend – beim Kochen und beim Backen!

Mit den neuen, abwechslungsreichen und leckeren Low-Fat-Rezepten von Dr. Oetker werden Sie satt und achten gleichzeitig auf Ihre Linie. Auch bei der leichten Küche brauchen Sie auf Geschmack nicht zu verzichten.

Und Sie müssen kein Back-Profi sein, denn Dr. Oetker Backrezepte sind nach den neuesten Erkenntnissen entwickelt und in der Dr. Oetker Versuchsküche getestet. Damit haben Sie die Geling-Garantie. So bekommen Sie neue Anregungen und tolle Überraschungsrezepte, die Lust auf „Leichtes“ machen.

Abkürzungen

EL	=	Esslöffel
TL	=	Teelöffel
Msp.	=	Messerspitze
Pck.	=	Packung/Päckchen
g	=	Gramm
kg	=	Kilogramm
ml	=	Milliliter
l	=	Liter
evtl.	=	eventuell
geh.	=	gehäuft
gestr.	=	gestrichen
TK	=	Tiefkühlprodukt
°C	=	Grad Celsius
Ø	=	Durchmesser
E	=	Eiweiß
F	=	Fett
Kh	=	Kohlenhydrate
kcal	=	Kilokalorien
kJ	=	Kilojoule

Hinweise zu den Rezepten

Die Kochrezepte sind, wenn nicht anders angegeben, für 4 Personen berechnet. Lesen Sie bitte vor der Zubereitung – besser noch vor dem Einkaufen – das Rezept einmal vollständig durch. Oft werden Arbeitsabläufe oder Zusammenhänge dann klarer.

Die in den Rezepten angegebenen Backtemperaturen und –zeiten sind Richtwerte, die je nach individueller Hitzeleistung des Backofens über- oder unterschritten werden können. Bitte beachten Sie deshalb bei der Einstellung des Backofens die Gebrauchsanweisung des Herstellers und machen Sie nach Beendigung der Backzeit eine Garprobe.

Zubereitungszeiten

Die Zubereitungszeit ist ein Anhaltswert für die Zeit für Vorbereitung und die eigentliche Zubereitung (inklusive Koch- und Backzeiten). Längere Wartezeiten wie z. B. Kühl- oder Marinierzeiten sind nicht einbezogen.

Kochen

Backen

Leichte Brokkolicremesuppe

Schnell – vollwertig

Zubereitungszeit: 30 Minuten

1 kg	Brokkoli
300 ml	Wasser
1 EL	Instant-Gemüsebrühe
500 ml (½ l)	Milch
4 EL	Haferkleieflocken (Reformhaus oder Bioladen)
	Salz
	frisch gemahlener weißer Pfeffer
	geriebene Muskatnuss

1. Vom Brokkoli die Blätter entfernen. Brokkoli in Röschen teilen, die Stängel am Strunk schälen und klein schneiden. Die Röschen waschen und abtropfen lassen.

2. Wasser mit Gemüsebrühe und Brokkoli in einem Topf zum Kochen bringen und zugedeckt etwa 15 Minuten bei mittlerer Hitze dünsten lassen. Anschließend alles mit einem Pürierstab pürieren.

3. Milch erhitzen und nach und nach zum Brokkolipüree gießen. Die Flüssigkeit mit dem Pürierstab so lange pürieren, bis eine glatte Cremesuppe entstanden ist.

4. Haferkleieflocken unterrühren und die Suppe nochmals kurz aufkochen lassen. Die Suppe mit Salz, Pfeffer und Muskat abschmecken.

Pro Portion:	
Eiweiß:	12,9 g
Fett:	6,2 g
Kohlenhydrate:	16,7 g
kJ:	748
kcal:	178

Tipp: Als schnelle Verfeinerungsidee die Suppe mit Räucherlachsstreifen, Krabben, gewürfelten Tomatenstückchen oder Knoblauch-Croûtons servieren.

Curry-Linsen-Suppe mit Rosinen

Vegetarisch

Zubereitungszeit: 50 Minuten

1	Zwiebel
2 leicht geh. EL	Butter
1	Knoblauchzehe
1 EL	Currypulver
½ TL	Paprikapulver, edelsüß
¼ TL	gemahlener Kreuzkümmel (Cumin)
	Salz
	frisch gemahlener Pfeffer
4 EL	Tomatenmark
750 ml (¾ l)	Gemüsebrühe
250 g	getrocknete gelbe Linsen
3 EL	Rosinen
½ Bund	glatte Petersilie

1. Zwiebel abziehen und in kleine Würfel schneiden. Butter in einem Topf zerlassen. Zwiebelwürfel darin glasig dünsten. Knoblauch abziehen, durch eine Knoblauchpresse drücken und unterrühren.

2. Curry, Paprika, Kreuzkümmel, Salz, Pfeffer und Tomatenmark hinzufügen und kurz mit andünsten. Brühe hinzugießen. Linsen unter Rühren einstreuen. Die Suppe zum Kochen bringen und zugedeckt etwa 30 Minuten bei schwacher Hitze kochen lassen.

3. Anschließend Rosinen hinzugeben und die Suppe mit Gewürzen und Salz abschmecken.

4. Petersilie abspülen und trockentupfen. Die Blättchen von den Stängeln zupfen und grob hacken. Die gehackte Petersilie vor dem Servieren über die Suppe streuen.

Pro Portion:

Eiweiß:	17,2 g
Fett:	9,9 g
Kohlenhydrate:	41,1 g
kJ:	1364
kcal:	326

Tipp: Sie können auch die klassischen getrockneten braunen Tellerlinsen verwenden. Die Garzeit beträgt dann etwa 60 Minuten.

Mexiko-Eintopf

Beliebt

Zubereitungszeit: 45 Minuten

300 g	Tatar
1	Ei (Größe M)
2 EL	kernige Haferflocken
	Salz
	frisch gemahlener Pfeffer
1 TL	mittelscharfer Senf
2 EL	Speiseöl
2	Zwiebeln (100 g)
1	Knoblauchzehe
2	rote Paprikaschoten
1	kleine rote Chilischote
1 Stange	Porree (Lauch)
300 ml	Gemüsebrühe
1 Dose	geschälte Tomaten (Einwaage 800 g)
2	mittelgroße Zucchini (etwa 400 g)
1 Dose	Kidneybohnen (Abtropfgewicht 250 g)
1 kleine Dose	Gemüsemais (Abtropfgewicht 140 g)

1. Tatar mit Ei und Haferflocken in eine Schüssel geben. Salz, Pfeffer und Senf dazugeben, alles glatt verkneten und daraus kleine Klößchen formen. Öl in einem Suppentopf erhitzen, Klößchen darin rundherum braun anbraten und herausnehmen.

2. Zwiebeln und Knoblauch abziehen und grob zerkleinern. Paprikaschoten halbieren, entstielen, entkernen und die weißen Scheidewände entfernen. Schoten waschen und grob würfeln. Chilischote halbieren, entkernen und Scheidewände herausschneiden, Schote abspülen und grob hacken.

3. Porree putzen, der Länge nach halbieren, gründlich waschen und in Streifen schneiden. Vorbereitete Zwiebeln, Knoblauch, Chili und Gemüse im Bratfett andünsten. Anschließend Brühe dazugeben und alles bei schwacher Hitze etwa 10 Minuten zugedeckt kochen lassen.

4. Tomaten hinzufügen und alles aufkochen lassen. Den Eintopf mit Salz und etwas Pfeffer abschmecken und die Gemüsezutaten im Fond fein pürieren.

5. Zucchini waschen, Enden abschneiden, evtl. der Länge nach halbieren und in Scheiben schneiden. Bohnen und Mais in ein Sieb geben, kurz mit kaltem Wasser abspülen und abtropfen lassen. Zucchini, Bohnen und Mais in den Eintopf geben und bei schwacher Hitze weitere 5–8 Minuten köcheln lassen. Hackklößchen dazugeben und den Eintopf weitere 3 Minuten erhitzen.

6. Den Eintopf vor dem Servieren nochmals mit Salz und Pfeffer abschmecken und mit herzhaftem Mischbrot servieren.

Pro Portion:	
Eiweiß:	29,1 g
Fett:	11,2 g
Kohlenhydrate:	26,9 g
kJ:	1386
kcal:	330

Hähnchen-Gemüse-Eintopf

Klassisch

Zubereitungszeit: 45 Minuten, ohne Abkühlzeit

2	Hähnchenbrüste mit Knochen (etwa 800 g)
1½ l	Wasser
	Salz
	frisch gemahlener Pfeffer
1	Lorbeerblatt
2	Pimentkörner (Nelkenpfeffer)
2	Zwiebeln
1 Bund	Suppengrün (etwa 400 g)
750 g	mehlig kochende Kartoffeln
3	Möhren
1 Stange	Porree (Lauch)
etwas	frische Petersilie

1. Hähnchenbrüste abspülen und trockentupfen. Wasser mit Salz, Pfeffer, Lorbeerblatt und Pimentkörnern in einem großen Topf zum Kochen bringen. Zwiebeln abziehen, halbieren und in schmale Spalten schneiden. Hähnchenbrüste und Zwiebelspalten hinzugeben, zum Kochen bringen und zugedeckt bei mittlerer Hitze etwa 10 Minuten garen.

2. In der Zwischenzeit Suppengrün putzen, waschen, abtropfen lassen und klein schneiden. Suppengrün in die Brühe geben, zum Kochen bringen und alles zugedeckt noch etwa 15 Minuten kochen lassen.

3. Kartoffeln waschen, schälen, abspülen, abtropfen lassen und in Würfel schneiden. Möhren schälen, putzen, waschen, abtropfen lassen und in Stifte schneiden. Kartoffelwürfel und Möhrenstifte in die Brühe geben und etwa 7 Minuten mitgaren.

4. Hähnchenbrüste herausnehmen und etwas abkühlen lassen. Das Fleisch von den Knochen lösen, die Haut entfernen und das Fleisch in kleine Stücke schneiden.

5. Porree putzen, die Stange längs halbieren, gründlich waschen, abtropfen lassen und in Streifen schneiden. Fleischstückchen und Porreestreifen in den Eintopf geben und zugedeckt weitere 5 Minuten bei schwacher Hitze köcheln lassen.

6. Den Eintopf vor dem Servieren mit Salz und Pfeffer abschmecken. Petersilie abspülen, trockentupfen, Blättchen fein hacken und den Eintopf mit Petersilie bestreut servieren.

Pro Portion:	
Eiweiß:	43,6 g
Fett:	11,6 g
Kohlenhydrate:	30,8 g
kJ:	1710
kcal:	409

Tipp: Eine besondere, leicht frische Note erhält der Eintopf, wenn Sie in den letzten 5 Minuten eine geschälte, in Scheiben geschnittene Zitrone mitgaren.

Pikanter Apfel-Porree-Salat

Preiswert

Zubereitungszeit: 25 Minuten, ohne Durchziehzeit

4	Äpfel (je etwa 100 g)
4 EL	Zitronensaft
2 kleine Stangen	Porree (Lauch)
300 g	Vollmilchjoghurt
2 TL	Zucker
1 Prise	Salz
½ Kästchen	Gartenkresse
einige	Blätter Kopfsalat oder Friseésalat
40 g	gehackte Walnusskerne

1. Äpfel schälen, halbieren und entkernen. Apfelhälften grob raspeln und mit dem Zitronensaft mischen.

2. Porree putzen, die Stangen längs halbieren, gründlich waschen und abtropfen lassen. Porreegrün entfernen. Die weißen Stücke in feine Streifen schneiden.

3. Joghurt mit Zucker und Salz verrühren. Geraspelte Äpfel und Porreestreifen untermengen. Den Salat etwa 20 Minuten durchziehen lassen.

4. Kresse abspülen, abschneiden und trockentupfen. Salatblätter abspülen und abtropfen lassen. Den Salat mit Kresse und Salatblättern in einer Schale anrichten. Vor dem Servieren den Salat mit Walnusskernen bestreuen.

Pro Portion:	
Eiweiß:	8,1 g
Fett:	10,2 g
Kohlenhydrate:	24,0 g
kJ:	943
kcal:	226

Tipp: Milder im Geschmack wird dieser Salat, wenn Sie die Porreestreifen kurz in 1 Teelöffel Speiseöl andünsten. Der Salat schmeckt gut zu gebratenem Fisch, z. B. zu Scholle.
Sie können das Fett nochmals etwas reduzieren, indem Sie statt Vollmilchjoghurt fettarmen Joghurt verwenden.

Radieschen-Kartoffel-Salat

Vegetarisch – klassisch

Zubereitungszeit: 50 Minuten, ohne Durchziehzeit

750 g	kleine fest kochende Kartoffeln

Für die Marinade:

1	Zwiebel
2	Gewürzgurken
200 ml	Gemüsebrühe
4 EL	Weinessig
1 TL	Zucker
	Salz
	frisch gemahlener Pfeffer
1 TL	mittelscharfer Senf
1–2 EL	geriebener Meerrettich (aus dem Glas)

1 Bund	Radieschen
1 Bund	Petersilie
75 g	saure Sahne (10% Fett)
evtl. etwas	Gemüsebrühe

Außerdem:

1	hart gekochtes Ei

1. Kartoffeln gründlich waschen, zugedeckt in Wasser zum Kochen bringen und in 20–25 Minuten gar kochen. Anschließend Kartoffeln abgießen, abdämpfen und noch heiß pellen. Kartoffeln in Scheiben schneiden und in eine Schüssel geben.

2. Für die Marinade Zwiebel abziehen und in feine Würfel schneiden. Gurken ebenfalls in feine Würfel schneiden. Brühe mit Essig, Zucker, Salz und Pfeffer in einem Topf zum Kochen bringen und über die noch warmen Kartoffelscheiben gießen.

3. Zwiebel- und Gurkenwürfel, Senf und Meerrettich hinzugeben und die Zutaten vorsichtig vermengen. Den Salat so lange durchziehen lassen, bis die Marinade von den Kartoffelscheiben vollkommen aufgenommen worden ist, dabei gelegentlich vorsichtig umrühren.

4. Radieschen putzen, waschen, trockentupfen und in Scheiben schneiden. Petersilie waschen und trockentupfen. Die Blättchen von den Stängeln zupfen und fein hacken. Saure Sahne und evtl. etwas Brühe unter den Kartoffelsalat rühren. Radieschenscheiben und Petersilie unterheben.

5. Den Salat vor dem Servieren nochmals mit Salz und Pfeffer abschmecken und mit dem in Scheiben geschnittenen Ei servieren.

Pro Portion:	
Eiweiß:	7,1 g
Fett:	5,0 g
Kohlenhydrate:	30,2 g
kJ:	849
kcal:	203

Amerikanischer Salat

Preiswert – schnell

Zubereitungszeit: 20 Minuten

Für die Salatsauce:

150 g	fettarmer Joghurt
3 EL	gemischte gehackte Kräuter, z.B. Petersilie, Schnittlauch
1 EL	Obstessig oder Zitronensaft
	Salz
	frisch gemahlener Pfeffer
1	Banane
2	mittelgroße rote Äpfel
3 Stangen (etwa 150 g)	Staudensellerie
½ Kopf	Eisbergsalat

1. Für die Sauce Joghurt in einer Schüssel glatt rühren. Kräuter, Obstessig oder Zitronensaft, Salz und Pfeffer unter den Joghurt rühren.

2. Banane schälen und in dünne Scheiben schneiden. Äpfel waschen, abtrocknen, vierteln, entkernen und ebenfalls in Scheiben schneiden.

3. Sellerie putzen, die harten Außenfäden abziehen, Sellerie waschen und abtropfen lassen. Sellerie in feine Scheiben schneiden. Bananen-, Apfel- und Selleriescheiben mit der Joghurtsauce vermischen.

4. Vom Eisbergsalat die welken Blätter entfernen. Salat waschen, gut abtropfen lassen und in etwa 2 cm breite Streifen schneiden. Salatstreifen unter die restlichen Zutaten mischen und den Salat sofort servieren.

Tipp: Eine komplette leichte, aber sättigende Mahlzeit machen Sie daraus, wenn Sie zu diesem Salat gegrilltes Hähnchenfilet und Vollkornbrot reichen.

Pro Portion:

Eiweiß:	2,5 g
Fett:	1,0 g
Kohlenhydrate:	15,0 g
kJ:	347
kcal:	83

Camemberttoast mit Preiselbeeren (Foto)

Für Gäste

Zubereitungszeit: 20 Minuten

4 Scheiben	Grahambrot oder Vollkornbrot
6	Birnenhälften aus der Dose
200 g	Camembert (30% Fett)
2 leicht geh. EL	Wild-Preiselbeeren

Pro Portion:	
Eiweiß:	15,6 g
Fett:	7,5 g
Kohlenhydrate:	40,8 g
kJ:	1234
kcal:	295

1. Brotscheiben leicht vortoasten. Birnenhälften gut abtropfen lassen (evtl. mit Küchenpapier trockentupfen) und in Spalten schneiden. Die Birnenspalten auf den Brotscheiben verteilen. Camembert in Scheiben schneiden und darauf legen.

2. Die belegten Brotscheiben auf den mit Backpapier belegten Backofenrost legen. Rost in den Backofen schieben und Brotscheiben überbacken, bis der Käse zu zerlaufen beginnt.

Ober-/Unterhitze: etwa 200 °C (vorgeheizt)
Heißluft: etwa 180 °C (vorgeheizt)
Gas: Stufe 3–4 (vorgeheizt)
Backzeit: etwa 5 Minuten.

3. Die überbackenen Toastscheiben mit Preiselbeerkompott auf Tellern anrichten und sofort servieren.

Tunfisch-Sandwich

Für Kinder – schnell zubereitet

Zubereitungszeit: 30 Minuten

einige	Blätter Eisbergsalat
1 Dose	Tunfisch, naturell (Abtropfgewicht 150 g)
1	rote Zwiebel
1	grüne Paprikaschote
150 g	saure Sahne (10 % Fett)
2 EL	Magermilchjoghurt
1 TL	mittelscharfer Senf
	Salz, Pfeffer
	Paprikapulver, edelsüß
8 Scheiben	Vollkorntoast

1. Salatblätter waschen und trockentupfen. Tunfisch gut abtropfen lassen und mit einer Gabel zerpflücken. Zwiebel abziehen und in feine Ringe schneiden. Paprika halbieren, entstielen, entkernen und die weißen Scheidewände entfernen. Schote waschen und in sehr feine Würfel schneiden.

2. Saure Sahne mit Joghurt und Senf verrühren und mit Salz, Pfeffer und Paprika würzen. Tunfischstücke, Zwiebelringe und Paprikawürfel mit der Sauce vermischen.

(Fortsetzung Seite 26)

3. Toast knusprig toasten und 4 Scheiben jeweils mit einigen Salatblättern belegen. Die Tunfischmischung darauf verteilen. Die restlichen Scheiben darauf legen und diagonal halbieren.

Pro Portion:
E: 16,8 g; F: 12,4 g; Kh: 36,3 g; kJ: 1370; kcal: 327

Würzige Waffeln

Vollwertig

Zubereitungszeit: 45 Minuten, ohne Teiggeh- und Abkühlzeit

Für den Hefeteig:

150 g	dunkles Weizenmehl (Type 1050)
1 Pck.	Dr. Oetker Trockenbackhefe
250 ml (¼ l)	Wasser
	frisch gemahlener Pfeffer
½ TL	Paprikapulver, edelsüß
1 EL	gerebelter Majoran
1	Ei (Größe M)
1 Bund	gemischte Küchenkräuter
1–2	Zwiebeln
1 TL	Speiseöl

1. Für den Teig Mehl in eine Schüssel sieben und mit der Trockenbackhefe sorgfältig vermischen. Wasser, Pfeffer, Paprika, Majoran und Ei hinzufügen. Die Zutaten mit Handrührgerät mit Rührbesen zunächst kurz auf niedrigster, dann auf höchster Stufe in etwa 2 Minuten glatt rühren.

2. Kräuter abspülen, trockentupfen, die Blättchen von den Stängeln zupfen, fein hacken und unterrühren. Den Teig zugedeckt so lange an einem warmen Ort gehen lassen, bis er sich sichtbar vergrößert hat.

3. Zwiebeln abziehen und in feine Würfel schneiden. Öl in einer Pfanne erhitzen. Zwiebelwürfel darin goldgelb dünsten, etwas abkühlen lassen und unter den Teig rühren.

4. Den Teig in nicht zu großen Portionen in ein gut erhitztes beschichtetes Waffeleisen geben. Die Waffeln goldbraun backen und sofort servieren.

Tipp: Waffeln mit Kräuterquark servieren.

Pro Portion:	
Eiweiß:	7,7 g
Fett:	3,4 g
Kohlenhydrate:	27,5 g
kJ:	712
kcal:	170

Indonesischer Fischtopf

Raffiniert

Zubereitungszeit: 40 Minuten

4	Kabeljaufilets (je etwa 125 g)
	frisch gemahlener Pfeffer
	Salz
	gemahlener Ingwer
500 g	Sojabohnenkeimlinge

Für die Sauce:

2	Knoblauchzehen
150 g	saure Sahne (10% Fett)
4 EL	gehackter Dill
30 g	abgezogene, gestiftelte Mandeln

1. Kabeljaufilets unter fließendem kalten Wasser abspülen und trockentupfen. Die Filets mit Salz, Pfeffer und Ingwer würzen.

2. Sojabohnenkeimlinge verlesen, in einem Sieb kalt abspülen und abtropfen lassen. Sojabohnenkeimlinge in einer gefetteten flachen Auflaufform verteilen. Kabeljaufilets nebeneinander darauf legen.

3. Für die Sauce Knoblauch abziehen, durch eine Knoblauchpresse drücken und mit saurer Sahne verrühren und Dill hinzugeben. Die Sauce mit Salz und Pfeffer würzen.

4. Die Sauce auf den Kabeljaufilets verteilen und Mandeln darauf streuen. Die Form auf dem Rost in den Backofen schieben.

Ober-/Unterhitze: etwa 200 °C (vorgeheizt)
Heißluft: etwa 180 °C (vorgeheizt)
Gas: Stufe 3–4 (vorgeheizt)
Backzeit: etwa 25 Minuten.

5. Den Fischtopf sofort servieren.

Pro Portion:

Eiweiß:	30,0 g
Fett:	11,2 g
Kohlenhydrate:	7,0 g
kJ:	1051
kcal:	251

Beilage: Dazu Reis oder chinesische Nudeln servieren.

Seelachsfilets, in Folie gegart

Einfach

Zubereitungszeit: 35 Minuten

4 Scheiben	Seelachsfilet (je etwa 180 g)
	Salz
	frisch gemahlener Pfeffer
2 kleine Stangen	Porree (Lauch)
2 EL	Speiseöl
4	Tomaten
½ Bund	glatte Petersilie
3 EL	Röstzwiebeln

Außerdem:

4 Bögen	Alufolie (je etwa 20 x 30 cm)

1. Seelachsfilets unter fließendem kalten Wasser abspülen und trockentupfen. Filets mit Salz und Pfeffer würzen.

2. Porree putzen, längs halbieren, gründlich waschen, abtropfen lassen und in feine Streifen schneiden. Öl in einem Topf erhitzen, Porreestreifen hinzugeben, unter Rühren etwa 3 Minuten darin dünsten und mit Salz und Pfeffer würzen.

3. 4 Bögen Alufolie auf einer Arbeitsfläche ausbreiten. Die Porreestreifen darauf verteilen und jeweils 1 Scheibe Seelachsfilet darauf legen.

4. Tomaten waschen, abtrocknen, die Stängelansätze herausschneiden und die Tomaten in Würfel schneiden. Petersilie abspülen, trockentupfen, die Blättchen von den Stängeln zupfen und Blättchen fein hacken. Tomatenwürfel mit Petersilie und Röstzwiebeln mischen und auf den Seelachsfiletscheiben verteilen.

5. Die Alufoliebögen fest zu Päckchen verschließen, so dass keine Flüssigkeit auslaufen kann, und auf ein Backblech legen. Das Backblech in den Backofen schieben.

Ober-/Unterhitze: etwa 200 °C (vorgeheizt)
Heißluft: etwa 180 °C (vorgeheizt)
Gas: Stufe 3–4 (vorgeheizt)
Garzeit: 20–25 Minuten.

6. Die Seelachspäckchen auf Teller legen, öffnen und sofort servieren.

Beilage: Dazu schmecken Pellkartoffeln.

Pro Portion:	
Eiweiß:	43,0 g
Fett:	8,0 g
Kohlenhydrate:	6,3 g
kJ:	1146
kcal:	274

Seezungenfilets „Fisherman's Wharf"

Beliebt

Zubereitungszeit: 35 Minuten

Für das Apfel-Pflaumen-Kompott:

3	große Äpfel (etwa 500 g)
1 leicht geh. EL	Butter
5 EL	Wasser
4 EL	Zitronensaft
1 Prise	Zucker
	Salz
	Zitronenpfeffer
200 g	entsteinte Trockenpflaumen

Außerdem:

4	Seezungenfilets (je etwa 125 g)
2 leicht geh. EL	Butter
2 EL	Zitronensaft

1. Für das Kompott Äpfel schälen, vierteln, entkernen und in feine Würfel schneiden. Butter in einer beschichteten Pfanne zerlassen. Wasser, Zitronensaft, Zucker, Salz und Zitronenpfeffer hinzufügen.

2. Apfelwürfel hinzugeben und unter Rühren etwa 3 Minuten darin dünsten. Pflaumen grob würfeln, unterrühren und kurz mit erhitzen.

3. Seezungenfilets unter fließendem kalten Wasser abspülen und trockentupfen. Butter portionsweise in einer großen Pfanne erhitzen. Die Seezungenfilets portionsweise von jeder Seite 2–3 Minuten bei mittlerer Hitze darin braten. Filets mit Salz würzen und mit Zitronensaft beträufeln.

4. Die Seezungenfilets mit dem lauwarmen Apfel-Pflaumen-Kompott anrichten und servieren.

Beilage: Langkorn-Wildreis-Mischung.

Pro Portion:

Eiweiß:	24,1 g
Fett:	9,0 g
Kohlenhydrate:	45,3 g
kJ:	1539
kcal:	368

Fischgratin

Vollwertig

Zubereitungszeit: 50 Minuten

200 g	Naturreis
1 l	Salzwasser
500 g	Brokkoli
etwas	Salzwasser
500 g	Rotbarschfilets
	Saft von
1	Zitrone
2	Tomaten

Für die Sauce:

1 EL	Weizenmehl (Type 1050)
200 ml	Gemüsebrühe (Instant)
150 ml	Vollmilch
2 EL	mittelscharfer Senf
	frisch gemahlener weißer Pfeffer
etwas	frische Petersilie, Dill und Liebstöckel
	oder
1 Pck.	TK-Kräuter

1. Reis in kochendes Salzwasser geben, zugedeckt zum Kochen bringen und bei schwacher Hitze etwa 30 Minuten ausquellen lassen.

2. In der Zwischenzeit vom Brokkoli die Blätter und harten Strünke entfernen. Brokkoli waschen, abtropfen lassen und in kleine Röschen teilen. Brokkolistängel schälen und in Würfel schneiden. Brokkoli in einem Topf in etwas Salzwasser etwa 5 Minuten zugedeckt dünsten. Reis und Brokkoli getrennt in Sieben gut abtropfen lassen.

3. Rotbarschfilets unter fließendem kalten Wasser abspülen, trockentupfen, mit Zitronensaft beträufeln und in Stücke schneiden. Tomaten waschen, abtrocknen, halbieren und die Stängelansätze herausschneiden, Tomaten fein würfeln.

4. Für die Sauce Mehl in einem Topf unter Rühren bei mittlerer Hitze so lange erhitzen, bis es goldgelb ist. Brühe und Milch nach und nach hinzugießen und mit einem Schneebesen kräftig durchschlagen, dabei darauf achten, dass keine Klümpchen entstehen. Die Sauce kurz aufkochen lassen und mit Senf und Pfeffer würzen.

5. Kräuter abspülen, trockentupfen, die Blättchen von den Stängeln zupfen, fein hacken und unter die Sauce rühren.

6. Reis, Rotbarschfiletstücke, Brokkoli und Tomatenwürfel in eine flache Auflaufform schichten und mit Salz und Pfeffer würzen. Die Sauce darauf verteilen und die Form auf dem Rost in den Backofen schieben.

Ober-/Unterhitze: etwa 200 °C (vorgeheizt)
Heißluft: etwa 180 °C (vorgeheizt)
Gas: Stufe 3–4 (vorgeheizt)
Garzeit: 15–20 Minuten.

Pro Portion:

Eiweiß:	33,0 g
Fett:	7,4 g
Kohlenhydrate:	47,0 g
kJ:	1650
kcal:	392

Hähnchen-Geschnetzeltes

Leicht zuzubereiten

Zubereitungszeit: 35 Minuten

3	Hähnchenbrustfilets (etwa 400 g)
300 g	Champignons
400 g	Möhren
1 Stange	Porree (Lauch)
1 leicht geh. EL	Butterschmalz
	Salz
	frisch gemahlener Pfeffer
	Paprikapulver, edelsüß
250 ml (¼ l)	Gemüsebrühe
1 EL	Zitronensaft
2 EL	heller Saucenbinder
150 g	saure Sahne (10 % Fett)
½ Bund	Kerbel

1. Hähnchenbrustfilets unter fließendem kalten Wasser abspülen, trockentupfen und in schmale Streifen oder kleine Würfel schneiden. Champignons putzen, mit Küchenpapier abreiben, evtl. abspülen, abtropfen lassen und vierteln.

2. Möhren schälen, putzen, waschen, abtropfen lassen und in kleine Würfel schneiden. Porree putzen, die Stange längs halbieren, gründlich waschen, abtropfen lassen und in Streifen schneiden.

3. Butterschmalz in einem Topf erhitzen. Fleischstücke unter Wenden darin anbraten und mit Salz, Pfeffer und Paprika bestreuen. Das Geschnetzelte herausnehmen und warm stellen.

4. Porree und Champignons in den Topf geben und unter Rühren andünsten. Möhrenwürfel hinzugeben und mit andünsten. Alles mit Salz, Pfeffer und Paprika würzen und Brühe und Zitronensaft hinzugießen. Das Gemüse zugedeckt bei schwacher Hitze etwa 5 Minuten garen.

5. Die Gemüsemischung mit Saucenbinder andicken. Das Geschnetzelte hinzugeben und nochmals bei schwacher Hitze erhitzen. Saure Sahne unterrühren und die Mischung nochmals mit Salz, Pfeffer und Paprika abschmecken.

6. Kerbel abspülen, trockentupfen, die Blättchen von den Stängeln zupfen und fein hacken. Das Geschnetzelte mit Kerbel bestreut servieren.

Pro Portion:	
Eiweiß:	29,5 g
Fett:	10,1 g
Kohlenhydrate:	11,6 g
kJ:	1063
kcal:	254

Tipp: Geschnetzeltes schmeckt auch sehr gut mit Putenbrustfilet und man spart nochmals etwa 1 g Fett pro Portion.

Knoblauch-Hähnchen aus dem Wok

Raffiniert

Zubereitungszeit: 30 Minuten, ohne Marinierzeit

1 Bund	Frühlingszwiebeln
3	Knoblauchzehen
1 kleines Stück	frischer Ingwer
4 EL	Sojasauce
1 EL	Speiseöl, z.B. Sojaöl
¼ TL	geschroteter Chili
300 g	Hähnchenbrustfilet
30 g	Cashewkerne
2	mittelgroße Möhren
1	Chinakohl (etwa 700 g)
1 EL	Speiseöl
200 g	Kirschtomaten
1–2 EL	Sojasauce
2–3 EL	Zitronensaft
	frisch gemahlener Pfeffer
1 Bund	Schnittlauch

1. Frühlingszwiebeln putzen, waschen und 2 Stück davon in feine Stücke schneiden. Knoblauch abziehen, Ingwer schälen und beides sehr fein hacken. Frühlingszwiebelstücke mit Sojasauce, Knoblauch, Ingwer, Öl und Chili mischen.

2. Hähnchenbrustfilet abspülen, gut trockentupfen und in Streifen schneiden. Streifen mit der Marinade mischen, mindestens 2 Stunden durchziehen lassen.

3. Cashewkerne in einem Wok ohne Fett anrösten und herausnehmen. Restliche Frühlingszwiebeln ebenfalls in Stücke schneiden. Möhren putzen, schälen, waschen und in feine Stifte schneiden. Chinakohl putzen, abspülen und in Streifen schneiden.

4. Filetstreifen aus der Marinade nehmen und trockentupfen. Öl im Wok erhitzen, Hähnchenstreifen darin bei starker Hitze unter Wenden etwa 1 Minute braten. Frühlingszwiebeln, Möhren und Chinakohl dazugeben und alles unter Wenden bei starker Hitze etwa 5 Minuten braten.

5. Kirschtomaten putzen, abspülen, evtl. halbieren. Marinadeflüssigkeit mit den Frühlingszwiebeln in den Wok geben und alles weitere 3–4 Minuten unter Wenden bei starker Hitze braten. Zuletzt Kirschtomaten untermischen.

6. Die Wok-Pfanne mit Sojasauce, Zitronensaft und evtl. Pfeffer abschmecken. Schnittlauch abspülen, trockentupfen und in Röllchen schneiden, Wok-Pfanne mit Schnittlauch und Cashewkernen anrichten und sofort servieren.

Beilage: Dazu passt Jasmin-Duftreis (Basmatireis).

Tipp: Anstelle von Chinakohl können Sie für dieses Gericht auch Mangold verwenden.

Pro Portion:	
Eiweiß:	23,7 g
Fett:	9,4 g
Kohlenhydrate:	3,6 g
kJ:	1001
kcal:	240

Hähnchenbrust mit Wirsinggemüse

Einfach

Zubereitungszeit: 40 Minuten (Titelfoto)

½ Kopf	Wirsing (etwa 500 g)
1	Zwiebel
1	gelbe Zucchini
4	Tomaten
2 EL	Olivenöl
	Salz
	frisch gemahlener Pfeffer
500 g	Hähnchenbrustfilets
2 EL	Olivenöl
1 TL	Instant-Gemüsebrühe
1 EL	gemischte gehackte Kräuter

1. Wirsinghälfte vom Strunk befreien, welke Blätter entfernen, Wirsing waschen, abtropfen lassen und in feine Streifen schneiden. Zwiebel abziehen und in Würfel schneiden. Zucchini waschen und abtrocknen, die Enden abschneiden und Zucchini in dünne Scheiben schneiden.

2. Tomaten kreuzweise einschneiden und kurz in kochendes Wasser legen. Anschließend in kaltem Wasser abschrecken, enthäuten und Stängelansätze entfernen. Tomaten halbieren, entkernen und in Streifen schneiden.

3. Olivenöl in einem großen Topf erhitzen und Zwiebelwürfel darin andünsten. Wirsing hinzufügen und unter gelegentlichem Rühren 10–12 Minuten dünsten lassen.

4. In der Zwischenzeit Hähnchenbrustfilets unter fließendem kalten Wasser abspülen, trockentupfen, salzen und pfeffern. Öl in einer Pfanne erhitzen und die Hähnchenbrustfilets 8–10 Minuten darin von allen Seiten braten. Fleisch herausnehmen und etwas ruhen lassen.

5. Wirsing mit Salz, Pfeffer und Gemüsebrühe würzen und Kräuter dazugeben. Zucchinischeiben und Tomatenstreifen hinzufügen, kurz mitdünsten lassen.

6. Hähnchenbrustfilets in Scheiben schneiden und mit dem Gemüse auf Tellern anrichten.

Pro Portion:

Eiweiß:	33,8 g
Fett:	9,3 g
Kohlenhydrate:	5,6 g
kJ:	984
kcal:	235

Tipp: Servieren Sie dazu Salzkartoffeln.

Putenbrust „Indische Art“

Raffiniert

Zubereitungszeit: 35 Minuten

500 g	Putenbrustfilet
2	Zwiebeln
2 EL	Speiseöl
	Salz
	frisch gemahlener Pfeffer
1 TL	Currypulver
400 g	Knollensellerie
evtl. etwas	Wasser
2	säuerliche Äpfel (240 g)
2	Bananen (120 g)
	frisch gemahlener Pfeffer
	gemahlener Ingwer
150 g	fettarmer Naturjoghurt

1. Putenbrustfilet unter fließendem kalten Wasser abspülen, trockentupfen und in große Stücke schneiden. Zwiebeln abziehen, in feine Würfel schneiden.

2. Speiseöl in einer beschichteten Pfanne erhitzen, die Filetstücke darin kräftig anbraten und mit Salz, Pfeffer und Curry würzen. Zwiebelwürfel hinzufügen und kurz mitbraten lassen. Filetstücke herausnehmen und warm stellen.

3. Sellerie putzen, schälen, waschen und abtropfen lassen. Sellerie in kleine Würfel schneiden, im verbliebenen Bratfett kurz andünsten, evtl. etwas Wasser hinzufügen und 8–10 Minuten garen lassen.

4. In der Zwischenzeit Äpfel schälen, vierteln und entkernen. Bananen schälen. Äpfel und Bananen in feine Würfel schneiden, zu den Selleriewürfeln geben und unter Rühren etwa 5 Minuten mitdünsten lassen.

5. Fleisch wieder mit in die Pfanne geben, mit Curry, Pfeffer und Ingwer kräftig würzen und evtl. etwas Wasser hinzufügen.

6. Zuletzt Joghurt unterrühren, aber nicht mehr aufkochen lassen, damit der Joghurt nicht gerinnt.

Beilage: Reis

Pro Portion:	
Eiweiß:	33,2 g
Fett:	8,2 g
Kohlenhydrate:	17,6 g
kJ:	1179
kcal:	282

Kräuterfilet mit Zitronenkartoffeln

Für Gäste

Zubereitungszeit: 45 Minuten

1 kg	mittelgroße Kartoffeln
2 EL	Speiseöl
etwas	gerebelter Rosmarin oder Thymian
	Salz
	frisch gemahlener Pfeffer
1	Zitrone
150 g	Cocktailtomaten
500 g	Schweinefilet
1 Bund	frisches Basilikum
250 g	Magerquark
2 EL	Milch
1	Knoblauchzehe

1. Kartoffeln waschen, schälen, abspülen und abtropfen lassen. Kartoffeln längs halbieren und längs in Spalten schneiden. 1 Esslöffel von dem Öl mit Rosmarin oder Thymian, Salz und Pfeffer mischen. Zitrone so schälen, dass die weiße Haut mit entfernt wird. Zitrone in Scheiben schneiden und mit dem Kräuteröl unter die Kartoffeln mischen. Die Zutaten in eine flache Auflaufform geben und die Form auf dem Rost in den Backofen schieben.

Ober-/Unterhitze: etwa 200 °C (vorgeheizt)
Heißluft: etwa 180 °C (nicht vorgeheizt)
Gas: Stufe 3–4 (nicht vorgeheizt)
Garzeit: 40–45 Minuten.

2. Tomaten abspülen, abtropfen lassen und halbieren, evtl. Stängelansätze herausschneiden. Tomatenhälften nach etwa 30 Minuten Garzeit zu den Kartoffelstücken geben, untermischen und alles fertig garen lassen.

3. Schweinefilet abspülen und trockentupfen. Restliches Öl in einer beschichteten Pfanne erhitzen. Filet von allen Seiten bei starker Hitze darin braun anbraten und mit Salz und Pfeffer würzen, anschließend bei schwacher Hitze je nach Dicke des Fleisches 10–15 Minuten braten, dabei gelegentlich wenden.

4. Basilikum abspülen und trockentupfen, die Blättchen von den Stängeln zupfen und grob hacken. Quark mit Milch verrühren und mit Salz und Pfeffer würzen. Knoblauch abziehen, durch eine Knoblauchpresse drücken, unter den Quark rühren und die Hälfte des Basilikums hinzugeben.

5. Schweinefilet aus der Pfanne nehmen und kurz ruhen lassen. Anschließend im restlichen Basilikum wälzen und in Scheiben schneiden. Schweinefiletscheiben mit Zitronenkartoffeln und Basilikumquark anrichten.

Pro Portion:

Eiweiß:	39,2 g
Fett:	10,9 g
Kohlenhydrate:	35,3 g
kJ:	1711
kcal:	408

Filetsteaks mit Kräuterfüllung

Raffiniert – für Gäste

Zubereitungszeit: 35 Minuten

4	Rinderfiletsteaks (je etwa 125 g)
½	Zwiebel
2 TL	Speiseöl
3 EL	fein gehackte Kräuter, z.B. Basilikum oder Petersilie
1 leicht geh. TL	mittelscharfer Senf
1 leicht geh. TL	geriebener Meerrettich (aus dem Glas)
1 EL	fettarmer Frischkäse mit Joghurt
200 g	Champignons oder Steinpilze
1 leicht geh. TL	Butter
	Salz
	frisch gemahlener Pfeffer

1. Filetsteaks abspülen und trockentupfen. In jedes Steak von der Seite aus mit einem scharfen Messer eine Tasche schneiden. Zwiebelhälfte abziehen und in feine Würfel schneiden. 1 Teelöffel von dem Öl in einer beschichteten Pfanne erhitzen und die Zwiebelwürfel darin andünsten.

2. Basilikum oder Petersilie abspülen, trockentupfen, die Blättchen von den Stängeln zupfen und fein hacken. Senf mit Meerrettich, Frischkäse, Kräutern und den Zwiebelwürfeln mischen. Die Masse in die Fleischeinschnitte (Taschen) verteilen und darin verstreichen.

3. Pilze putzen, mit Küchenpapier abreiben und in Scheiben schneiden. Butter in einem Topf zerlassen. Die Pilzscheiben unter gelegentlichem Wenden darin andünsten und mit Salz und Pfeffer würzen. Die Pilzscheiben herausnehmen und warm stellen.

4. Restliches Öl in der Pfanne erhitzen. Die Steaks von jeder Seite etwa 3 Minuten darin braten, aus der Pfanne nehmen und zugedeckt etwa 5 Minuten ruhen lassen. Steaks und Pilzscheiben auf Tellern anrichten und sofort servieren.

Pro Portion:

Eiweiß:	29,2 g
Fett:	10,1 g
Kohlenhydrate:	1,3 g
kJ:	888
kcal:	212

Beilage: Salzkartoffeln und gemischter Salat.

Paprika-Tomaten-Gemüse

Preiswert

Zubereitungszeit: 35 Minuten

1	Zwiebel
600 g	grüne Paprikaschoten
500 g	Tomaten
2 EL	Olivenöl
	gerebelter Thymian
	Salz
	frisch gemahlener Pfeffer
	Paprikapulver, edelsüß
100 ml	Wasser

1. Zwiebel abziehen und in kleine Würfel schneiden. Paprikaschoten halbieren, entstielen, entkernen und die weißen Scheidewände entfernen. Schoten waschen und in große Stücke schneiden.

2. Tomaten kreuzweise einschneiden und kurz in kochendes Wasser legen. Anschließend in kaltem Wasser abschrecken, enthäuten und Stängelansätze entfernen. Tomaten achteln, nach Belieben entkernen.

3. Öl in einem Topf erhitzen und Zwiebelwürfel darin glasig dünsten. Paprikastücke hinzugeben, kurz mitdünsten und mit Thymian, Salz, Pfeffer und Paprika würzen. Wasser hinzufügen und die Zutaten zugedeckt bei schwacher Hitze etwa 10 Minuten garen.

4. Vor dem Servieren Tomatenachtel untermengen, das Gemüse nochmals erhitzen und abschmecken.

Pro Portion:

Eiweiß:	3,1 g
Fett:	5,7 g
Kohlenhydrate:	8,2 g
kJ:	417
kcal:	99

Tipp: Das Paprika-Tomaten-Gemüse eignet sich sehr gut als Beilage zu kurz gebratenem oder gegrilltem Fleisch oder Fisch.

Gefüllte gratinierte Champignons

Vegetarisch

Zubereitungszeit: 40 Minuten

12	große Champignons (je etwa 70 g)
1	kleine Zwiebel
1	Knoblauchzehe
1	rote Paprikaschote (etwa 150 g)
1 EL	Speiseöl, z.B. Olivenöl
	Salz
	frisch gemahlener Pfeffer
	Paprikapulver, edelsüß
1 gestr. TL	Instant-Steinpilz-Hefebrühe (Reformhaus) oder Instant-Gemüsebrühe
150 ml	Wasser
100 g	Fetakäse (45% Fett)
2–3 Stiele	frischer Thymian oder
½ TL	getrockneter Thymian
1	Ciabatta-Brot (etwa 300 g)

1. Champigons putzen, die Stiele vorsichtig herausdrehen und Stiele fein würfeln. Zwiebel und Knoblauch abziehen und fein würfeln. Paprikaschote halbieren, entstielen, entkernen und die weißen Scheidewände entfernen. Schote waschen und fein würfeln.

2. Öl in einer beschichteten Pfanne erhitzen und Zwiebel- und Knoblauchwürfel darin glasig dünsten. Pilzstielwürfel dazugeben und unter Wenden dünsten, bis die Flüssigkeit ganz verdampft ist. Paprikawürfel hinzufügen und alles mit Salz, Pfeffer und Paprikapulver würzen. Brühe in 150 ml warmem Wasser auflösen, dazugießen und alles kurz aufkochen lassen.

3. Die Paprikamischung abgießen, die Flüssigkeit dabei auffangen. Pilzköpfe mit der Öffnung nach oben in eine große flache Auflaufform setzen und die aufgefangene Flüssigkeit angießen.

4. Fetakäse auf einer Küchenreibe grob raspeln. Thymian abspülen, trockentupfen und die Blättchen von den Stängeln zupfen. Fetakäse und Kräuter mit der Paprikamischung mischen, in die Pilze füllen. Die Form auf dem Rost in den heißen Backofen schieben.

Ober-/Unterhitze: etwa 200 °C (vorgeheizt)
Heißluft: etwa 180 °C (vorgeheizt)
Gas: Stufe 3–4 (vorgeheizt)
Garzeit: etwa 12 Minuten.

5. Jeweils 3 Pilze, etwas Garflüssigkeit und Ciabatta-Brot in Scheiben auf Tellern anrichten.

Pro Portion:	
Eiweiß:	18,6 g
Fett:	8,7 g
Kohlenhydrate:	40,2 g
kJ:	1286
kcal:	307

Asiatisches Paprika-Porree-Gemüse

Leicht – schnell

Zubereitungszeit: 30 Minuten

2	rote Paprikaschoten (je 200 g)
1 Stange	Porree (Lauch)
2	mittelgroße Zucchini (je 200 g)
200 g	Sojabohnensprossen
2 EL	Speiseöl
1	Knoblauchzehe
	frisch gemahlener Pfeffer
1–2 EL	Zitronensaft
3–4 EL	Sojasauce

1. Paprikaschoten halbieren, entstielen, entkernen, die weißen Scheidewände entfernen, Schoten waschen, abtropfen lassen und in kleine Stücke schneiden. Porree putzen, längs halbieren, gründlich waschen, abtropfen lassen und in schmale Streifen schneiden.

2. Zucchini waschen, abtrocknen, die Enden abschneiden und Zucchini in Streifen schneiden. Sojabohnensprossen verlesen, in ein Sieb geben, abspülen und abtropfen lassen.

3. Öl in einer großen, beschichteten Pfanne oder einem Wok erhitzen. Paprikastücke, Porree- und Zucchinistreifen hinzufügen. Die Zutaten unter ständigem Rühren bei starker Hitze in 5–8 Minuten bissfest garen.

4. Die Sojabohnensprossen hinzufügen und etwa 2 Minuten mitgaren lassen. Knoblauch abziehen, durch eine Knoblauchpresse drücken und unterrühren.

5. Das Paprika-Porree-Gemüse mit Pfeffer, Zitronensaft und Sojasauce abschmecken und sofort servieren.

Beilage: Körnig gekochter Reis.

Pro Portion:	
Eiweiß:	6,2 g
Fett:	6,3 g
Kohlenhydrate:	10,7 g
kJ:	529
kcal:	126

Vegetarische Asia-Pfanne

Für Kinder

Zubereitungszeit: 25 Minuten

1 Dose	Ananasstücke (Abtropfgewicht 350 g)
1 Dose	Mini-Maiskölbchen (Abtropfgewicht 190 g)
1½ EL	Sesamsamen
150 g	Zuckerschoten
1	kleiner Chinakohl (etwa 700 g)
1	rote Paprikaschote
2 EL	Speiseöl, z.B. Sonnenblumenöl
1 kleines Stück	frischer Ingwer
1 leicht geh. TL	Speisestärke
2 Msp.	5-Gewürz-Pulver (Asialaden)
	Salz
	frisch gemahlener Pfeffer

1. Ananas und Maiskölbchen getrennt voneinander in einem Sieb abtropfen lassen. Ananasflüssigkeit dabei auffangen. Sesamsamen in einem Wok ohne Fett goldbraun rösten und auf einem Teller abkühlen lassen.

2. Zuckerschoten putzen, abspülen und abtropfen lassen. Chinakohl putzen, abspülen und abtropfen lassen. Chinakohl in Streifen schneiden. Paprikaschote halbieren, entstielen, entkernen, die weißen Scheidewände entfernen, Schote waschen und grob würfeln.

3. Öl im Wok erhitzen und Chinakohl, Zuckerschoten und Paprikastücke darin unter Wenden bei starker Hitze 5–8 Minuten braten. Ingwer schälen, auf einer Küchenreibe fein reiben und mit dem aufgefangenen Ananassaft und Speisestärke verrühren.

4. Ananas und Maiskölbchen unter das Gemüse mischen und das Gemüse mit 5-Gewürz-Pulver, Salz und Pfeffer würzen. Angerührten Saft hinzugießen und alles bei starker Hitze unter Rühren kurz aufkochen lassen. Gemüse nochmals abschmecken, mit Sesam bestreuen und sofort servieren.

Pro Portion:	
Eiweiß:	6,7 g
Fett:	9,3 g
Kohlenhydrate:	40,9 g
kJ:	1179
kcal:	282

Beilage: Zur Asia-Pfanne passt Naturreis sehr gut.

Brokkoli-Reis-Pfanne

Vollwertig

Zubereitungszeit: 50 Minuten

175 g	Naturreis
400 ml	Salzwasser
300 g	Putenbrustfilet
1	Zwiebel
1	Knoblauchzehe
750 g	Brokkoli
4	Fleischtomaten (etwa 800 g)
2 TL	abgezogene, gehobelte Mandeln
1 EL	Speiseöl, z.B. Olivenöl
	Salz
	frisch gemahlener Pfeffer
200 ml	Gemüsebrühe
100 g	saure Sahne
½ Bund	frisches Basilikum

1. Reis in Salzwasser nach Packungsanleitung garen lassen. In der Zwischenzeit Fleisch abspülen, mit Küchenpapier trockentupfen und in Streifen schneiden. Zwiebel und Knoblauch abziehen, fein würfeln.

2. Brokkoli waschen, putzen und in Röschen teilen. Dicke Stiele schälen und klein schneiden. Tomaten vierteln, die Stängelansätze herausschneiden und Tomaten evtl. entkernen. Fruchtfleisch in Würfel schneiden.

3. Mandeln in einem Wok ohne Fett leicht bräunen und auf einem Teller erkalten lassen. Öl im Wok erhitzen und die Putenstreifen darin unter Wenden etwa 4 Minuten braten. Anschließend die Putenstreifen mit Salz und Pfeffer würzen und herausnehmen.

4. Zwiebel- und Knoblauchwürfel im Bratfett glasig dünsten. Brokkoli dazugeben, kurz mit anbraten und Brühe hinzugießen. Brokkoli zugedeckt bei schwacher Hitze etwa 4 Minuten dünsten lassen.

5. Fertig gegarten Reis evtl. abgießen. Reis, Putenstreifen und Tomatenwürfel vorsichtig unter den Brokkoli heben. Alles bei schwacher Hitze etwa 3 Minuten erhitzen und mit Salz und Pfeffer abschmecken.

6. Saure Sahne glatt rühren und mit etwas Salz und Pfeffer abschmecken. Basilikum abspülen, trockentupfen und die Blättchen von den Stängeln zupfen. Basilikum in feine Streifen schneiden und unter die saure Sahne mischen. Die Brokkoli-Reis-Pfanne mit saurer Sahne und Mandelblättchen anrichten und servieren.

Pro Portion:	
Eiweiß:	28,9 g
Fett:	8,8 g
Kohlenhydrate:	42,3 g
kJ:	1540
kcal:	367

Tipp: Den Naturreis können Sie durch Langkornreis (parboiled) ersetzen.

Marinierter grüner Spargel mit Bandnudeln

Vegetarisch

Zubereitungszeit: 35 Minuten

Für den Spargel:

750 g	grüner Spargel
	Salzwasser
1 Prise	Zucker

Für die Nudeln:

2 l	Wasser
2 gestr. TL	Salz
300 g	Bandnudeln

Außerdem:

1	Bio-Orange (unbehandelt, ungewachst)
2 EL	Speiseöl, z.B. Walnussöl
	frisch gemahlener Pfeffer
2–3 EL	milder Balsamico-Essig
½ TL	Honig
200 g	Kirschtomaten
125 g	Mozzarella-Käse
½ Bund	frisches Basilikum

1. Den Spargel evtl. im unteren Drittel schälen und die unteren Enden abschneiden. Spargel abspülen und in mundgerechte Stücke schneiden. Spargelstücke in wenig Salzwasser mit etwas Zucker zugedeckt 5–8 Minuten dünsten. Spargel abgießen und gut abtropfen lassen.

2. Für die Nudeln Wasser in einem großen geschlossenen Topf zum Kochen bringen. Dann Salz und Nudeln zugeben. Die Nudeln im geöffneten Topf bei mittlerer Hitze nach Packungsanleitung bissfest kochen, dabei gelegentlich umrühren. Anschließend Nudeln in ein Sieb geben, mit heißem Wasser abspülen, abtropfen lassen und warm stellen.

3. Orange mit heißem Wasser abspülen, abtrocknen und etwa die Hälfte der Schale mit einer Küchenreibe fein abreiben. Saft auspressen.

4. Öl in einer großen, beschichteten Pfanne erhitzen, Spargel darin kurz anbraten und mit Salz und Pfeffer würzen. Orangenschale mit Saft, Essig und Honig verrühren, den Spargel damit beträufeln, die Pfanne von der Kochstelle nehmen und den Spargel einige Minuten darin marinieren.

5. Kirschtomaten waschen, abtrocknen und halbieren. Mozzarella abtropfen lassen und in feine Würfel schneiden. Basilikum abspülen und die Blättchen von den Stängeln zupfen.

6. Nudeln mit Spargel und Kirschtomaten vorsichtig mischen und auf Tellern anrichten. Mozzarellawürfel darauf verteilen und etwas anschmelzen lassen. Das Gericht mit etwas Pfeffer und Basilikumblättchen bestreuen und sofort servieren.

Pro Portion:

Eiweiß:	19,2 g
Fett:	13,6 g
Kohlenhydrate:	60,0 g
kJ:	1871
kcal:	447

Pennini mit Tomatensauce „Primavera“

Für Kinder – vegetarisch

Zubereitungszeit: 50 Minuten

1	rote Paprikaschote (150 g)
2	Zucchini (400 g)
200 g	Zuckerschoten
3	Frühlingszwiebeln
2 EL	Olivenöl
1 Pck./Dose	stückige Tomaten (400 ml)
	Salz
	frisch gemahlener Pfeffer
	Paprikapulver, edelsüß
	gerebelter Oregano
4 l	Wasser
4 gestr. TL	Salz
400 g	Pennini (kleine Penne-Nudeln)
2 EL	gehackte Petersilie

1. Paprika halbieren, entstielen, entkernen und die weißen Scheidewände entfernen. Schote waschen und in Streifen schneiden.

2. Zucchini waschen, abtrocknen und die Enden abschneiden. Zucchini längs halbieren, vierteln und in Scheiben schneiden.

3. Zuckerschoten putzen, dabei evtl. die Fäden an den Längsseiten entfernen. Schoten waschen, abtropfen lassen und evtl. halbieren. Frühlingszwiebeln putzen, waschen, abtropfen lassen, in Ringe schneiden.

4. Öl in einem großen Topf erhitzen. Paprikastreifen hinzufügen und etwa 2 Minuten unter Rühren darin dünsten. Zucchinischeiben, Zuckerschoten und Frühlingszwiebelringe hinzugeben und unter Rühren weitere 5 Minuten dünsten.

5. Tomaten unterrühren. Die Zutaten mit Salz, Pfeffer, Paprika und Oregano würzen und bei schwacher Hitze etwa 5 Minuten leicht kochen lassen.

6. Wasser in einem großen geschlossenen Topf zum Kochen bringen. Dann Salz und Nudeln zugeben. Die Nudeln im geöffneten Topf bei mittlerer Hitze nach Packungsanleitung bissfest kochen, dabei gelegentlich umrühren. Anschließend Nudeln in ein Sieb geben, mit heißem Wasser abspülen und abtropfen lassen.

7. Die Gemüsesauce mit den Nudeln vermischen und mit Petersilie bestreut servieren.

Tipp: Die köstliche Sauce passt auch sehr gut zu Vollkornreis.

Pro Portion:

Eiweiß:	18,1 g
Fett:	8,7 g
Kohlenhydrate:	83,5 g
kJ:	2066
kcal:	492

Pasta mit feinem Gemüse in Kräuter-Rahm-Sauce

Einfach

Zubereitungszeit: 40 Minuten

400 g	Champignons
200 g	Zuckerschoten
1 leicht geh. EL	Butter
	Salz
	frisch gemahlener Pfeffer
100 ml	Gemüsebrühe
2 l	Wasser
2 gestr. TL	Salz
250 g	Bandnudeln
2 leicht geh. EL	Crème fraîche
4 EL	gemischte gehackte Kräuter

1. Champignons putzen und mit Küchenpapier abreiben. Pilze in Scheiben schneiden. Von den Zuckerschoten die Enden abschneiden, dabei evtl. die Fäden an den Längsseiten abziehen. Schoten waschen und abtropfen lassen.

2. Butter in einer beschichteten Pfanne zerlassen. Pilze und Zuckerschoten dazugeben und unter Rühren etwa 5 Minuten andünsten. Das Gemüse mit Salz und Pfeffer würzen, Brühe hinzugießen und alles erhitzen.

3. Wasser in einem großen geschlossenen Topf zum Kochen bringen. Dann Salz und Nudeln zugeben. Die Nudeln im geöffneten Topf bei mittlerer Hitze nach Packungsanleitung bissfest kochen, dabei gelegentlich umrühren. Anschließend Nudeln in ein Sieb geben, mit heißem Wasser abspülen und abtropfen lassen.

4. Pilze und Zuckerschoten mit Salz und Pfeffer abschmecken und Crème fraîche unterrühren. Nudeln und Kräuter zu den Pilzen und Zuckerschoten geben, untermischen und auf Tellern anrichten.

Pro Portion:	
Eiweiß:	14,2 g
Fett:	10,1 g
Kohlenhydrate:	48,8 g
kJ:	1427
kcal:	341

Tipp: Servieren Sie dazu gegrillte Garnelen oder saftiges Hähnchenfilet in Scheiben.

Reisnudeln mit Schweinelendchen

Schnell

Zubereitungszeit: 40 Minuten

2 l	Wasser
2 TL	Salz
400 g	Reisnudeln
1 EL	Sojaöl
5 EL	Sojasauce
1 EL	Currypulver
400 g	Schweinelendchen
2	Knoblauchzehen
1	Zwiebel
50 g	frische Ingwerwurzel
1 EL	Austernsauce (Asialaden)
1 gestr. TL	Sambal Oelek
2 EL	Sojasauce
1 TL	Kreuzkümmel
1 EL	Speisestärke
2 EL	Speiseöl
etwas	Wasser
1 Stange	Porree (Lauch)
400 g	Chinakohl
	Salzwasser
100 g	gegarte Shrimps

1. Wasser in einem großen geschlossenen Topf zum Kochen bringen. Dann Salz und Nudeln dazugeben. Die Nudeln im geöffneten Topf bei mittlerer Hitze nach Packungsanleitung kochen lassen, dabei gelegentlich umrühren.

2. Anschließend die Nudeln in ein Sieb geben, mit heißem Wasser abspülen und abtropfen lassen. Die Nudeln in eine Fettfangschale geben. Sojaöl und Sojasauce mit Curry verrühren und darauf verteilen.

3. Schweinelendchen unter fließendem kalten Wasser abspülen, trockentupfen und in etwa 1 cm große Würfel schneiden. Knoblauch und Zwiebel abziehen, Ingwer schälen und Knoblauch, Zwiebel und Ingwer in kleine Würfel schneiden. Ingwer-, Knoblauch- und Zwiebelwürfel mit Austernsauce, Sambal Oelek, Sojasauce, Kreuzkümmel und Speisestärke zu den Fleischwürfeln geben und gut vermengen.

4. Speiseöl in einem Wok erhitzen. Die Fleischmischung von allen Seiten darin gut anbraten, etwas Wasser hinzugeben und alles auf den Nudeln verteilen.

5. Porree putzen, längs halbieren, waschen, abtropfen lassen und in kleine Streifen schneiden. Chinakohl putzen, vierteln und den Strunk herausschneiden. Kohl waschen, abtropfen lassen und in etwa 2 cm große Streifen schneiden.

6. Chinakohlstreifen in kochendem Salzwasser etwa 2 Minuten blanchieren, Porreestreifen hinzugeben, kurz mitkochen lassen, in einem Sieb abtropfen lassen und mit der Nudelmischung vermengen. Die Fettfangschale in den Backofen schieben und fertig garen.

Ober-/Unterhitze: etwa 180 °C (vorgeheizt)
Heißluft: etwa 160 °C (vorgeheizt)
Gas: Stufe 2–3 (vorgeheizt)
Garzeit: etwa 15 Minuten.

7. Shrimps unter fließendem kalten Wasser abspülen, trockentupfen und etwa 5 Minuten vor Ende der Garzeit auf den Nudeln verteilen.

Pro Portion:	
Eiweiß:	38,1 g
Fett:	10,6 g
Kohlenhydrate:	97,5 g
kJ:	2677
kcal:	639

Bunte Nudel-Eier-Pfanne

Preiswert – für Kinder

Zubereitungszeit: 30 Minuten

2 l	Wasser
2 gestr. TL	Salz
250 g	bunte Nudeln, z.B. Spirelli
2	rote Paprikaschoten
2	grüne Paprikaschoten
2	Eier (Größe M)
4 EL	Milch
	Salz
	frisch gemahlener Pfeffer
	Paprikapulver, edelsüß
1 EL	Speiseöl

1. Wasser in einem großen geschlossenen Topf zum Kochen bringen. Dann Salz und Nudeln zugeben. Die Nudeln im geöffneten Topf bei mittlerer Hitze nach Packungsanleitung bissfest kochen, dabei gelegentlich umrühren. Dann Nudeln in ein Sieb geben, mit heißem Wasser abspülen und abtropfen lassen.

2. Paprikaschoten halbieren, entstielen, entkernen und die weißen Scheidewände entfernen. Die Schoten waschen, abtropfen lassen und in dünne Streifen schneiden. Eier mit Milch verschlagen und mit Salz, Pfeffer und Paprika würzen.

3. Öl in einer großen, beschichteten Pfanne erhitzen. Paprikastreifen unter Rühren etwa 3 Minuten darin dünsten. Nudeln hinzufügen, unterrühren und die Eiermilch gleichmäßig darüber gießen. Die Masse bei schwacher Hitze einige Minuten stocken lassen und anschließend sofort servieren.

Pro Portion:	
Eiweiß:	14,2 g
Fett:	8,5 g
Kohlenhydrate:	49,2 g
kJ:	1404
kcal:	334

Beilage: Tomatenketchup oder eine fertige Tomatensauce aus der Packung.

Tipp: Als Variante können Sie statt Paprikastreifen Brokkoliröschen verwenden. Diese zuvor etwa 2 Minuten in wenig Wasser andünsten.

Bandnudeln mit italienischem Bohnengemüse

Raffiniert

Zubereitungszeit: 45 Minuten

500 g	grüne Bohnen
etwas	Salzwasser
4 l	Wasser
4 gestr. TL	Salz
400 g	Bandnudeln
75 g	getrocknete Tomaten
3	Knoblauchzehen
1 EL	Olivenöl
100 ml	Gemüsebrühe
	Salz
	frisch gemahlener schwarzer Pfeffer
1 Bund	Basilikum

1. Von den Bohnen die Enden abschneiden. Die Bohnen evtl. abfädeln, waschen, abtropfen lassen und in Stücke schneiden. Bohnen in wenig kochendem Salzwasser bei geschlossenem Deckel 10–15 Minuten garen, anschließend in einem Sieb abtropfen lassen.

2. Wasser in einem großen geschlossenen Topf zum Kochen bringen. Dann Salz und Nudeln zugeben. Die Nudeln im geöffneten Topf bei mittlerer Hitze nach Packungsanleitung bissfest kochen, dabei gelegentlich umrühren. Anschließend Nudeln in ein Sieb geben, mit heißem Wasser abspülen und abtropfen lassen.

3. Tomaten in Streifen schneiden. Knoblauch abziehen und in Scheiben schneiden. Olivenöl in einer großen, beschichteten Pfanne erhitzen. Tomatenstreifen und Knoblauchscheiben darin andünsten und Brühe hinzugießen. Nudeln und Bohnen hinzufügen, nochmals kurz erhitzen und mit Salz und Pfeffer abschmecken.

4. Basilikum abspülen und trockentupfen, die Blättchen von den Stängeln zupfen, in Streifen schneiden und unterheben. Nudeln mit Bohnengemüse auf Tellern anrichten und sofort servieren.

Pro Portion:	
Eiweiß:	15,8 g
Fett:	6,1 g
Kohlenhydrate:	73,9 g
kJ:	1753
kcal:	418

Tipp: Statt getrockneter Tomaten können Sie auch 2 mittelgroße Fleischtomaten verwenden. Dann Tomaten waschen, abtropfen lassen, kreuzweise einschneiden und einige Sekunden in kochendes Wasser legen. Tomaten kurz in kaltes Wasser legen, enthäuten, halbieren, entkernen, Stängelansätze herausschneiden und das Fruchtfleisch in Streifen schneiden.

Kartoffel-Spinat-Gratin

Gut vorzubereiten

Zubereitungszeit: 30 Minuten, ohne Auftauzeit

450 g	TK-Blattspinat
	Salz
	frisch gemahlener Pfeffer
	frisch geriebene Muskatnuss
1 kg	fest kochende Kartoffeln
125 ml (⅛ l)	Milch (3,5 % Fett)
125 ml (⅛ l)	Gemüsebrühe
1 Bund	Schnittlauch
1 Pck. (125 g)	Mozzarella-Käse

1. Blattspinat auftauen lassen, leicht ausdrücken und mit Salz, Pfeffer und Muskat würzen. Kartoffeln waschen, schälen, abspülen und in feine Scheiben schneiden. Kartoffelscheiben dachziegelartig in eine flache Auflaufform schichten und Spinat dazwischen verteilen.

2. Milch mit Brühe in einem kleinen Topf verrühren und erhitzen, mit Salz, Pfeffer und Muskat würzen und über die Kartoffelscheiben und den Spinat gießen. Die Form auf dem Rost in den Backofen schieben.

Ober-/Unterhitze: etwa 200 °C (vorgeheizt)
Heißluft: etwa 180 °C (nicht vorgeheizt)
Gas: Stufe 3–4 (nicht vorgeheizt)
Garzeit: etwa 50 Minuten.

3. In der Zwischenzeit Schnittlauch abspülen, trockentupfen und in feine Röllchen schneiden. Mozzarella abtropfen lassen und in kleine Würfel schneiden. Schnittlauchröllchen mit den Käsewürfeln mischen, nach der Hälfte der Garzeit auf dem Gratin verteilen und das Gratin fertig garen lassen.

Pro Portion:	
Eiweiß:	14,2 g
Fett:	8,4 g
Kohlenhydrate:	31,9 g
kJ:	1126
kcal:	268

Tipp: Statt Mozzarella können Sie auch 3 Esslöffel fein geriebenen Parmesan- oder alten Gouda-Käse über das Gratin streuen. Das Gratin bekommt dadurch einen herzhafteren Geschmack.
Rühren Sie eine abgezogene, durch die Presse gedrückte Knoblauchzehe vor dem Einschichten unter den Spinat.

Frühlings-Kartoffelpüree

Schnell

Zubereitungszeit: 25 Minuten

1 kg	mehlig kochende Kartoffeln
200 ml	Vollmilch (3,5 % Fett)
300 g	TK-Erbsen
2 leicht geh. EL	Butter
	Salz
	geriebene Muskatnuss, Pfeffer
2 EL	gehackter Kerbel

Pro Portion:
E: 24 g; F: 7,3 g; Kh: 64,5 g;
kJ: 1799; kcal: 429

1. Kartoffeln waschen, schälen, abspülen, zugedeckt in Salzwasser zum Kochen bringen und in 20–25 Minuten gar kochen lassen. Anschließend Kartoffeln abgießen und abdämpfen. Kartoffeln noch heiß durch eine Kartoffelpresse geben oder fein zerstampfen. Milch erhitzen und unterrühren.

2. In der Zwischenzeit Erbsen zugedeckt in etwas Salzwasser gar dünsten. Erbsen in einem Sieb abtropfen lassen und anschließend noch warm mit der Butter vermengen. Buttererbsen unter das Püree rühren und mit Salz, Muskat und Pfeffer würzen. Das Frühlings-Kartoffelpüree vor dem Servieren mit Kerbel verrühren.

Möhren-Kartoffelpüree

Preiswert

Zubereitungszeit: 40 Minuten

700 g	Möhren
500 g	Kartoffeln
100 g	saure Sahne (10% Fett)
	Salz, Pfeffer, Muskatnuss
2 EL	gehackte glatte Petersilie

Pro Portion:
E: 4,3 g; F: 2,9 g; Kh: 22,6 g;
kJ: 576; kcal: 138

1. Möhren schälen, putzen und abspülen. Kartoffeln waschen, schälen und abspülen. Möhren und Kartoffeln in grobe Würfel schneiden. Die Würfel zugedeckt in Salzwasser zum Kochen bringen, 10–15 Minuten garen und abtropfen lassen, dabei etwas von der Kochflüssigkeit auffangen.

2. Möhren- und Kartoffelwürfel pürieren, saure Sahne unterrühren und mit Salz, Pfeffer und Muskat würzen, evtl. etwas von der Kochflüssigkeit unterrühren. Petersilie unter das Püree rühren.

Tipp: Möhren-Kartoffelpüree schmeckt gut als Beilage zu gebratenem Fleisch oder Fisch.

Basilikum-Tomaten-Reis

Raffiniert

Zubereitungszeit: 45 Minuten

2	Zwiebeln
1 EL	Speiseöl
250 g	Naturreis
400 ml	Gemüsebrühe
1 Dose	stückige Tomaten (Einwaage 400 g)
	Paprikapulver, edelsüß
	frisch gemahlener Pfeffer
1 Bund	Basilikum

Pro Portion:
E: 5,5 g; F: 4,0 g; Kh: 48,8 g; kJ: 1078; kcal: 257

1. Zwiebeln abziehen und in feine Würfel schneiden. Öl in einem Topf erhitzen und Zwiebelwürfel darin glasig dünsten. Reis hinzugeben und unter Rühren kurz mit andünsten.

2. Brühe und Tomatenstücke hinzugeben und mit Paprika und Pfeffer würzen. Brühe zum Kochen bringen und den Reis zugedeckt bei schwacher Hitze etwa 30 Minuten garen.

3. Basilikum abspülen und trockentupfen. Blättchen von den Stängeln zupfen, hacken und vor dem Servieren unterheben.

Tipp: Basilikum-Tomaten-Reis passt gut zu gegrilltem Fleisch.

Paprikareis

Einfach zuzubereiten

Zubereitungszeit: 25 Minuten

1 l	Salzwasser
250 g	Langkornreis (parboiled)
½	grüne Paprikaschote
½	rote Paprikaschote
1 EL	Olivenöl
	Salz, Pfeffer
	Paprikapulver, edelsüß

Pro Portion:
E: 4,8 g; F: 3,0 g; Kh: 50,4 g; kJ: 1053; kcal: 252

1. Salzwasser in einem Topf zum Kochen bringen, Reis hinzufügen und zugedeckt in 15–20 Minuten bei schwacher Hitze ausquellen lassen. In der Zwischenzeit Paprikaschoten putzen, waschen und in feine Würfel schneiden.

2. Öl in einem Topf erhitzen und die Paprikawürfel darin 3–5 Minuten dünsten lassen, dabei gelegentlich umrühren. Das Gemüse mit Salz, Pfeffer und Paprikapulver würzen.

3. Den gegarten Reis abtropfen lassen, mit den Paprikawürfeln vermengen und den Paprikareis nochmals abschmecken.

Tipp: Der Paprikareis schmeckt gut zu Fleischgerichten.

Erdbeer-Kokos-Trifle

(Foto)

Für Kinder

Zubereitungszeit: 20 Minuten, ohne Durchziehzeit

Zutaten für 4–6 Personen:

500 g	Erdbeeren
2 Stängel	frische Minze
1 EL	Puderzucker
	Saft von 1 Limette
500 g	fettarme Vanilla-Quark- Zubereitung (0,2% Fett)
½ TL	Dr. Oetker Finesse Orangenfrucht
125 g	Kokos-Zwieback

Pro Portion:
E: 9,4; F: 3,9 g; Kh: 40,5 g; kJ: 1011; kcal: 239

1. Erdbeeren abspülen und gut abtropfen lassen. Die Früchte putzen und evtl. etwas klein schneiden. Minze abspülen, Blättchen von den Stängeln zupfen (einige Blättchen zur Garnieren beiseite legen) und in feine Streifen schneiden. Erdbeeren mit Minze, Puderzucker und Limettensaft mischen.

2. Quark-Zubereitung mit Orangenfrucht glatt rühren. Kokos-Zwieback grob zerbröseln.

3. Erdbeeren, Zwiebackbrösel und Quark-Zubereitung abwechselnd in eine eckige Auflaufform oder in Dessertgläser schichten. Das Trifle etwa 1 Stunde kalt stellen und durchziehen lassen. Zum Servieren das Trifle mit Minze garnieren.

Luftiger Apfelgrieß mit Mandelsplittern

Für Kinder

Zubereitungszeit: 25 Minuten, ohne Durchziehzeit

500 ml (½ l)	fettarme Milch
1 Prise	Salz
2 EL	Zucker
1 Prise	gemahlener Zimt
50 g	Hartweizengrieß
1	frisches Eiweiß (Größe M)
2	Äpfel (etwa 200 g)
2 EL	Zitronensaft
1 geh. EL	abgezogene, gestiftelte Mandeln

1. Milch mit Salz, Zucker und Zimt in einem Topf zum Kochen bringen. Topf von der Kochstelle nehmen, Grieß einstreuen und unter Rühren bei schwacher Hitze 5–10 Minuten ausquellen lassen.

2. Topf von der Kochstelle nehmen. Eiweiß steif schlagen und unter den heißen Grießbrei heben. Äpfel schälen, halbieren, entkernen und grob raspeln. Apfelraspel mit Zitronensaft mischen und unter den Grieß ziehen.

(Fortsetzung Seite 76)

Pro Portion:
E: 9,4; F: 3,9 g; Kh: 40,5 g;
kJ: 1011; kcal: 239

3. Den Apfelgrieß auf 4 Desserttellern anrichten. Mandeln in einer Pfanne ohne Fett leicht bräunen und über den Grieß streuen. Den Apfelgrieß sofort servieren.

Tipp: Verwenden Sie anstelle von Äpfeln 150 g Apfelmus. Für den Apfelgrieß nur ganz frisches Eiweiß verwenden, das nicht älter als 5 Tage ist (Legedatum beachten!).

Cappuccino-Schichtcreme

Einfach

Zubereitungszeit: 20 Minuten

10 g	Edelbitterschokolade (70% Kakao)
1 gestr. TL	Butter
12	geröstete Kaffeebohnen
100 ml	Schlagsahne
500 g	Magermilchjoghurt
2–3 EL	Puderzucker
1 Beutel	Instant-Cappuccino-Pulver
2–3 TL	Kaffeelikör oder Amaretto
	Puderzucker zum Bestäuben

1. Schokolade mit Butter in einem kleinen Topf im Wasserbad bei schwacher Hitze geschmeidig rühren. Kaffeebohnen mit der Masse vermischen, herausnehmen, auf ein Stück Backpapier legen und fest werden lassen.

2. Sahne steif schlagen. Joghurt mit Puderzucker gut verrühren und die Sahne mit einem Schneebesen darunter ziehen. Joghurtcreme halbieren und unter eine Hälfte das Cappuccino-Pulver rühren.

3. Beide Cremes abwechselnd in Dessertgläser schichten und mit Schokobohnen, Likör und Puderzucker anrichten.

Pro Portion:	
Eiweiß:	5,7 g
Fett:	10,4 g
Kohlenhydrate:	19,2 g
kJ:	853
kcal:	204

Tipp: Statt gerösteter Kaffeebohnen können Sie auch Rosinen, Cranberries oder Mandeln verwenden.

Beerengrütze mit Vanille-Joghurt-Sauce

Für Gäste

Zubereitungszeit: 30 Minuten, ohne Abkühlzeit

Für die Grütze:

750 g	gemischte Früchte (z.B. Johannisbeeren, Himbeeren, Erdbeeren, Brombeeren, Stachelbeeren, Kirschen; ersatzweise TK-Früchte)
1 leicht geh. EL	Speisestärke
	Saft und abgeschälte Schale von
1	Bio-Orange (unbehandelt, ungewachst)
375 ml (3/8 l)	roter Traubensaft
1 Pck.	Dr. Oetker Vanillin-Zucker (nach Belieben)

Für die Vanille-Joghurt-Sauce:

1	Vanilleschote
1–2 EL	Zucker
300 g	Naturjoghurt

1. Früchte verlesen, abspülen und gut abtropfen lassen. Früchte putzen und von den Rispen streifen. Speisestärke mit Orangensaft und 2–3 Esslöffeln Traubensaft glatt rühren. Übrigen Saft, Orangenschale und evtl. Vanillin-Zucker in einem Topf aufkochen lassen.

2. Topf von der Kochstelle nehmen und die angerührte Speisestärke unter Rühren hinzufügen. Vorbereitete Früchte unterrühren und alles nochmals kurz aufkochen lassen. Grütze in eine Schale umfüllen und abkühlen lassen.

3. Für die Vanille-Joghurt-Sauce Vanilleschote längs aufschneiden und das Mark mit einem Messer herausschaben. Vanillemark, Zucker und Joghurt mit einem Schneebesen gründlich verrühren, bis sich der Zucker gelöst hat. Die Grütze mit der Vanille-Joghurt-Sauce anrichten.

Pro Portion:

Eiweiß:	5,2 g
Fett:	3,6 g
Kohlenhydrate:	44,0 g
kJ:	1035
kcal:	247

Frozen Joghurt mit Knusperkrokant

Raffiniert

Zubereitungszeit: 20 Minuten, ohne Gefrierzeit

400 g	blaue Weintrauben
500 g	Vollmilchjoghurt mit Vanillegeschmack
2	frische Eiweiß (Größe M)
3 EL	Zucker
2 EL	kernige Haferflocken
2 EL	gehackte Haselnusskerne

Außerdem:
Alufolie

1. Weintrauben abspülen, abtropfen lassen, halbieren und entkernen (einige zum Garnieren beiseite legen). Weintraubenhälften nebeneinander auf eine Platte legen und im Gefrierfach anfrieren lassen.

2. Joghurt glatt rühren. Eiweiß mit ½ Esslöffel von dem Zucker steif schlagen und unter den Joghurt heben. Die Joghurtmasse in eine gefriergeeignete Schüssel füllen und zugedeckt im Gefrierschrank anfrieren lassen, dabei gelegentlich mit einem Schneebesen durchrühren. Sobald der Joghurt zu gefrieren beginnt, die angefrorenen Weintraubenhälften unterheben.

3. Restlichen Zucker in einer beschichteten Pfanne bei mittlerer Hitze unter Rühren karamellisieren lassen. Haferflocken und Haselnusskerne hinzugeben und unterrühren. Die Krokantmasse auf ein dünn mit Speiseöl bestrichenes Stück Alufolie geben, verstreichen und erkalten lassen.

4. Den gut angefrorenen Joghurt in Schälchen verteilen. Knusperkrokant in Stückchen brechen und darüber streuen. Joghurt mit beiseite gelegten Weintrauben garnieren und sofort servieren.

Tipp: Wer noch etwas mehr Fett einsparen möchte, kann einen fettarmen Vanillejoghurt verwenden.
Für den Frozen Joghurt nur ganz frisches Eiweiß verwenden, das nicht älter als 5 Tage ist (Legedatum beachten!).

Pro Portion:	
Eiweiß:	6,4 g
Fett:	5,1 g
Kohlenhydrate:	47,6 g
kJ:	1130
kcal:	269

Rosetten-Kuchen

(16 Stück) **Mit Alkohol**

Zubereitungszeit: 45 Minuten, ohne Teiggehzeit
Backzeit: etwa 45 Minuten

Zum Vorbereiten:
50 g Rosinen
1 EL Rum

Für den Hefeteig:
375 g Weizenmehl
1 Pck. Dr. Oetker Trockenbackhefe
100 g Zucker
1 Pck. Dr. Oetker Vanillin-Zucker
1 Prise Salz
1 Pck. Dr. Oetker Finesse Orangenfrucht
1 Ei (Größe M)
50 g zerlassene abgekühlte Halbfettbutter (39% Fett)
150 ml lauwarme fettarme Milch (1,5% Fett)

Für die Füllung:
1 Pck. Dr. Oetker Backfeste Pudding-Creme
250 ml (¼ l) fettarme Milch (1,5% Fett)
150 g Crème légère
2 rote Äpfel (etwa 350 g)

7 EL Ahornsirup

Pro Stück:	
Eiweiß:	4,7 g
Fett:	3,8 g
Kohlenhydrate:	40,7 g
kJ:	913
kcal:	218

1. Zum Vorbereiten Rosinen in Rum einweichen.

2. Für den Teig Mehl in eine Rührschüssel sieben, mit Trockenbackhefe sorgfältig vermischen. Zucker, Vanillin-Zucker, Salz, Orangenfrucht, Ei, Butter und Milch hinzufügen.

3. Die Zutaten mit Handrührgerät mit Knethaken zunächst auf niedrigster, dann auf höchster Stufe in etwa 5 Minuten zu einem glatten Teig verarbeiten. Den Teig zugedeckt so lange an einem warmen Ort stehen lassen, bis er sich sichtbar vergrößert hat.

4. Für die Füllung Backfeste Pudding-Creme mit Milch nach Packungsanleitung zubereiten, zuletzt Crème légère unterrühren. Den Teig leicht mit Mehl bestäuben, aus der Schüssel nehmen, auf einer bemehlten Arbeitsfläche nochmals kurz durchkneten und zu einem Rechteck (etwa 50 x 30 cm) ausrollen.

5. Den Hefeteig mit der Puddingmasse bestreichen. Äpfel waschen, abtrocknen, vierteln, entkernen und mit der Schale in kleine Würfel schneiden. Apfelwürfel mit den Rosinen mischen und auf der Puddingmasse verteilen, dabei am Rand etwa 1 cm frei lassen.

6. Den Teig von der längeren Seite her aufrollen. Die Rolle in etwa 3 cm breite Stücke schneiden und mit der Schnittfläche nach oben eng nebeneinander in eine Springform (Ø 28 cm, mit Backpapier belegt) legen. Den Teig zugedeckt nochmals so lange an einem warmen Ort gehen lassen, bis er sich sichtbar vergrößert hat. Die Form auf dem Rost in den Backofen schieben.

Ober-/Unterhitze:
etwa 180 °C (vorgeheizt, untere Einschubleiste)
Heißluft: etwa 160 °C (nicht vorgeheizt)
Gas: Stufe 2–3 (nicht vorgeheizt, untere Einschubleiste)
Backzeit: etwa 45 Minuten.

7. Den Kuchen aus der Form lösen und auf einen mit Backpapier belegten Kuchenrost legen. Den Kuchen sofort mit Hilfe eines Pinsels mit Ahornsirup bestreichen und erkalten lassen.

Kirsch-Reis-Kuchen

(16 Stück) **Für Kinder**

Zubereitungszeit: 65 Minuten, ohne Abkühlzeit
Backzeit: etwa 75 Minuten

Zum Vorbereiten:

1 Glas	Sauerkirschen (Abtropfgewicht 350 g)
400 ml	fettarme Milch (1,5% Fett)
1 Pck.	Dr. Oetker Bourbon-Vanille-Zucker
100 g	Milchreis

Für den Teig:

50 g	weiche Joghurtbutter
125 g	Zucker
1 Pck.	Dr. Oetker Finesse Geriebene Zitronenschale
3	Eigelb (Größe M)
50 g	Speisestärke
1 TL	Dr. Oetker Backin
500 g	Speisequark (Magerstufe)
3	Eiweiß (Größe M)

Zum Bestreuen:

20 g	gehackte Pistazienkerne

1. Zum Vorbereiten Sauerkirschen in einem Sieb gut abtropfen lassen.

2. Milch und Vanille-Zucker in einem Topf zum Kochen bringen. Milchreis hinzugeben, unter Rühren zum Kochen bringen und in etwa 15 Minuten bei schwacher Hitze und geschlossenem Deckel ausquellen lassen. Milchreis etwas abkühlen lassen.

3. Für den Teig Joghurtbutter mit Handrührgerät mit Rührbesen auf höchster Stufe geschmeidig rühren. Nach und nach Zucker und Zitronenschale unterrühren. Eigelb nach und nach unterrühren (jedes Eigelb knapp ½ Minute).

4. Speisestärke mit Backpulver mischen, sieben und auf mittlerer Stufe unterrühren. Quark und Milchreis unterrühren. Eiweiß steif schlagen, zusammen mit den Sauerkirschen vorsichtig unterheben.

5. Den Teig in eine Springform (Ø 26 cm, Boden gefettet) geben, glatt streichen und mit Pistazienkernen bestreuen. Die Form auf dem Rost in den Backofen schieben.

Ober-/Unterhitze: etwa 180 °C (vorgeheizt)
Heißluft: etwa 160 °C (nicht vorgeheizt)
Gas: Stufe 2–3 (nicht vorgeheizt)
Backzeit: etwa 75 Minuten, evtl. nach 40 Minuten mit Backpapier zudecken.

6. Die Form auf einen Kuchenrost stellen. Den Kuchen etwas abkühlen lassen, dann aus der Form lösen. Den Kuchen kalt oder warm servieren.

Pro Stück:	
Eiweiß:	7,1 g
Fett:	4,8 g
Kohlenhydrate:	22,7 g
kJ:	690
kcal:	165

Tipp: Statt Speisestärke können Sie auch 1 Päckchen Dr. Oetker Pudding-Pulver Vanille-Geschmack in den Teig geben.

Apfel-Zimt-Gugelhupf

(20 Stück) **Vollwertig**

Zubereitungszeit:	20 Minuten
Backzeit:	etwa 55 Minuten

Zum Vorbereiten:

2	Äpfel (etwa 400 g), z.B. Cox Orange

Für den Hefeteig:

375 g	Weizenmehl
1 Pck.	Dr. Oetker Hefeteig Garant
125 g	Zucker
1 Pck.	Dr. Oetker Vanillin-Zucker
1 Prise	Salz
2 gestr. TL	gemahlener Zimt
2	Eier (Größe M)
200 ml	fettarme Milch (1,5% Fett)
100 g	weiche Halbfettbutter (39% Fett)

Zum Bestreichen und Bestreuen:

2 EL	Aprikosenkonfitüre
50 g	Haselnusskrokant

1. Zum Vorbereiten Äpfel waschen, schälen, vierteln, entkernen und in kleine Stücke schneiden.

2. Für den Teig Mehl in eine Rührschüssel sieben, mit Hefeteig Garant sorgfältig vermischen. Zucker, Vanillin-Zucker, Salz, Zimt, Eier, Milch und Halbfettbutter hinzufügen. Die Zutaten mit Handrührgerät mit Knethaken zunächst kurz auf niedrigster, dann auf höchster Stufe in etwa 2 Minuten zu einem glatten Teig verarbeiten. Apfelstücke kurz unterkneten.

3. Den Teig in eine Gugelhupf- oder Napfkuchenform (Ø 22 cm, gefettet) geben und glatt streichen. Die Form auf dem Rost in den Backofen schieben.

Ober-/Unterhitze:
etwa 180 °C (vorgeheizt, untere Einschubleiste)
Heißluft: etwa 160 °C (nicht vorgeheizt)
Gas: Stufe 2–3 (nicht vorgeheizt, untere Einschubleiste)
Backzeit: etwa 55 Minuten.

4. Den Gugelhupf etwa 10 Minuten in der Form stehen lassen, dann aus der Form lösen und auf einen Kuchenrost stürzen.

5. Zum Bestreichen und Bestreuen Konfitüre durch ein Sieb streichen, mit Hilfe eines Backpinsels auf den noch heißen Kuchen streichen und sofort mit Krokant bestreuen. Gugelhupf erkalten lassen.

Pro Stück:	
Eiweiß:	3,5 g
Fett:	3,5 g
Kohlenhydrate:	26,9 g
kJ:	651
kcal:	155

Sauerkirschtarte

(12 Stück) **Fruchtig**

Zubereitungszeit: 55 Minuten, ohne Abkühlzeit
Backzeit: etwa 50 Minuten

Zum Vorbereiten:
1 Glas Sauerkirschen (Abtropfgewicht 350 g)

Für den Knetteig:
200 g Weizenmehl
50 g Zucker
½ Pck. Dr. Oetker Finesse Geriebene Zitronenschale
1 Prise Salz
1 Ei (Größe M)
100 g weiche Butter oder Margarine

Zum Bestreuen:
20 g Semmelbrösel

Für den Guss:
3 Eier (Größe M)
75 g Zucker
1 Pck. Dr. Oetker Vanillin-Zucker
½ Pck. Dr. Oetker Finesse Geriebene Zitronenschale
300 g fettarmer Naturjoghurt (1,5% Fett)

1. Zum Vorbereiten Sauerkirschen in einem Sieb gut abtropfen lassen.

2. Für den Teig Mehl in eine Rührschüssel sieben. Zucker, Zitronenschale, Salz, Ei und Butter oder Margarine hinzufügen. Die Zutaten mit Handrührgerät mit Knethaken zunächst kurz auf niedrigster, dann auf höchster Stufe gut durcharbeiten.

3. Anschließend auf einer bemehlten Arbeitsfläche zu einem glatten Teig verkneten. Sollte er kleben, ihn in Folie gewickelt eine Zeit lang kalt stellen.

4. Den Teig auf einer bemehlten Arbeitsfläche zu einer runden Platte (Ø etwa 32 cm) ausrollen und in eine Tarte- oder Springform (Ø 28 cm, Boden gefettet) legen, den Rand hochdrücken.

5. Teigboden mehrmals mit einer Gabel einstechen. Die Form auf dem Rost in den Backofen schieben, den Boden vorbacken.

Ober-/Unterhitze: etwa 180 °C (vorgeheizt)
Heißluft: etwa 160 °C (vorgeheizt)
Gas: Stufe 2–3 (vorgeheizt)
Backzeit: etwa 20 Minuten.

6. Die Form auf einen Kuchenrost stellen. Den vorgebackenen Boden etwas abkühlen lassen und mit Semmelbröseln bestreuen.

7. Für den Guss Eier mit Zucker, Vanillin-Zucker, Zitronenschale und Joghurt verrühren.

8. Sauerkirschen auf den vorgebackenen Boden legen, den Guss darauf verteilen. Die Form wieder auf dem Rost in den Backofen schieben und die Tarte **bei gleicher Backofeneinstellung in etwa 30 Minuten** fertig backen.

9. Die Form auf einen Kuchenrost stellen. Die Tarte etwas abkühlen lassen, dann aus der Form lösen und lauwarm servieren.

Pro Stück:	
Eiweiß:	5,5 g
Fett:	10,0 g
Kohlenhydrate:	31,8 g
kJ:	1013
kcal:	242

Caribic-Nusskuchen

(20 Stück) **Schnell**

Zubereitungszeit: 20 Minuten, ohne Abkühlzeit
Backzeit: etwa 50 Minuten

Zum Vorbereiten:

100 g	Caribic Royal (Frucht- und Nussmischung), von Seeberger

Für den Biskuitteig:

4	Eier (Größe M)
125 g	Zucker
1 Pck.	Dr. Oetker Vanillin-Zucker
1 Pck.	Dr. Oetker Finesse Natürliches Jamaica-Rum-Aroma
125 g	Weizenmehl
2 gestr. TL	Dr. Oetker Backin
2 gestr. TL	gemahlener Zimt
50 g	gemahlene Haselnusskerne
	Puderzucker nach Belieben

1. Zum Vorbereiten Fruchtmischung in kleine Stücke schneiden.

2. Für den Teig Eier mit Handrührgerät mit Rührbesen auf höchster Stufe in 1 Minute schaumig schlagen. Zucker und Vanillin-Zucker mischen, in 1 Minute einstreuen, dann noch etwa 2 Minuten schlagen. Aroma hinzufügen.

3. Mehl mit Backpulver und Zimt mischen, die Hälfte davon auf die Eiercreme sieben, kurz auf niedrigster Stufe unterrühren. Restliches Mehlgemisch auf die gleiche Weise unterarbeiten. Haselnusskerne vorsichtig unterheben. Den Teig in eine Kastenform (25 x 11 cm, gefettet, gemehlt) geben und glatt streichen. Fruchtmischungstückchen darauf verteilen.

4. Die Form auf dem Rost in den Backofen schieben.

Ober-/Unterhitze:
etwa 180 °C (vorgeheizt, untere Einschubleiste)
Heißluft: etwa 160 °C (nicht vorgeheizt)
Gas: Stufe 2–3 (nicht vorgeheizt, untere Einschubleiste)
Backzeit: etwa 50 Minuten.

5. Den Kuchen etwa 10 Minuten in der Form stehen lassen, dann aus der Form lösen und auf einem Kuchenrost erkalten lassen. Nach Belieben mit Puderzucker bestäuben.

Pro Stück:

Eiweiß:	2,6 g
Fett:	3,6 g
Kohlenhydrate:	15,0 g
kJ:	432
kcal:	103

Cognac-Karamell-Kuchen

(16 Stück) **Mit Alkohol**

Zubereitungszeit: 45 Minuten, ohne Teiggehzeit
Backzeit: etwa 45 Minuten

Zum Vorbereiten:

1 Dose	Birnenhälften (Abtropfgewicht 470 g)

Für den All-in-Teig:

125 g	Weizenmehl
25 g	Speisestärke
1 EL	Kakaopulver (ungezuckert)
2 TL	Dr. Oetker Backin
75 g	Zucker
1 Pck.	Dr. Oetker Vanillin-Zucker
3	Eier (Größe M)
20 g	weiche Joghurtbutter (69% Fett)
2 EL	Cognac
50 g	Birnenpüree von den abgetropften Birnenhälften

Für den Belag:

3 Blatt	weiße Gelatine
450 ml	fettarme Milch (1,5% Fett)
2 Pck.	Paradies Creme Sahne-Karamell-Geschmack
3 TL	Cognac

Außerdem:

2 EL	Karamellsauce

Pro Stück:

Eiweiß:	3,9 g
Fett:	3,7 g
Kohlenhydrate:	27,4 g
kJ:	686
kcal:	164

1. Zum Vorbereiten Birnenhälften in einem Sieb gut abtropfen lassen. Für den All-in-Teig 50 g der Birnenhälften mit einem Mixstab pürieren. Restliche Birnenhälften für den Belag beiseite legen.

2. Für den Teig Mehl mit Speisestärke, Kakao und Backpulver mischen, in eine Rührschüssel sieben. Zucker, Vanillin-Zucker, Eier, Butter, Cognac und Birnenpüree hinzufügen. Die Zutaten mit Handrührgerät mit Rührbesen zunächst kurz auf niedrigster, dann auf höchster Stufe in etwa 2 Minuten zu einem glatten Teig verarbeiten.

3. Den Teig in eine Springform (Ø 26 cm, mit Backpapier belegt) geben und glatt streichen. Die Form auf dem Rost in den Backofen schieben.

Ober-/Unterhitze: etwa 180 °C (vorgeheizt, untere Einschubleiste)
Heißluft: etwa 160 °C (vorgeheizt)
Gas: Stufe 2–3 (vorgeheizt, untere Einschubleiste)
Backzeit: etwa 20 Minuten.

4. Den Gebäckboden aus der Form lösen, auf einen mit Backpapier belegten Kuchenrost stürzen, mitgebackenes Backpapier abziehen. Gebäckboden erkalten lassen und auf eine Tortenplatte legen, einen Tortenring darumstellen.

5. Für den Belag Gelatine in kaltem Wasser nach Packungsanleitung einweichen. Beiseite gelegte Birnenhälften jeweils in 4 Spalten schneiden. Den Gebäckboden damit belegen, dabei am Rand 2–3 cm frei lassen.

6. Milch in eine Rührschüssel geben, beide Päckchen Paradies Creme hinzufügen und nach Packungsanleitung aufschlagen. Zuletzt Cognac unterrühren.

7. Gelatine in einem kleinen Topf erwärmen (nicht kochen), bis sie völlig gelöst ist, leicht abkühlen lassen. Gelatine mit etwa 2 Esslöffeln der Karamellcreme verrühren, dann mit der restlichen Karamellcreme verrühren.

(Fortsetzung Seite 94)

8. Die Creme auf den Birnenspalten verteilen und gleichmäßig mit einem Teigschaber verstreichen. Kleine Vertiefungen mit Hilfe eines Teelöffels in die Creme drücken. Den Kuchen mindestens 3 Stunden kalt stellen.

9. Tortenring vorsichtig lösen und entfernen. Die Kuchenoberfläche mit der Karamellsauce besprenkeln und servieren.

Apfelkuchen, ganz leicht

(16 Stück) **Einfach**

Zubereitungszeit: 35 Minuten, ohne Abkühlzeit
Backzeit: etwa 25 Minuten

Zum Vorbereiten:

25 g	abgezogene, gehobelte Mandeln
etwa 850 g	Äpfel, z.B. Boskop

Für den Biskuitteig:

2	Eier (Größe M)
100 g	Zucker
1 Pck.	Dr. Oetker Vanillin-Zucker
250 g	Weizenmehl
3 gestr. TL	Dr. Oetker Backin
150 g	fettarmer Joghurt mild (1,5% Fett)
3 TL	Speiseöl, z.B. Distelöl

1. Zum Vorbereiten Mandeln in einer Pfanne ohne Fett leicht rösten und auf einem Teller erkalten lassen. Äpfel schälen, vierteln, entkernen und in Achtel schneiden.

2. Für den Teig Eier mit Handrührgerät mit Rührbesen auf höchster Stufe in 1 Minute schaumig schlagen. Zucker und Vanillin-Zucker mischen, in 1 Minute einstreuen, dann noch etwa 2 Minuten schlagen.

3. Mehl mit Backpulver mischen, die Hälfte davon auf die Eiercreme sieben, kurz auf niedrigster Stufe unterrühren. Restliches Mehlgemisch mit Joghurt und Speiseöl auf die gleiche Weise unterarbeiten. Den Teig in eine Springform (Ø 26 cm, mit Backpapier belegt) geben und glatt streichen.

4. Apfelstückchen auf dem Teig verteilen und mit den Mandeln bestreuen. Die Form auf dem Rost in den Backofen schieben.

Ober-/Unterhitze:
etwa 180 °C (vorgeheizt, untere Einschubleiste)
Heißluft: etwa 160 °C (vorgeheizt)
Gas: Stufe 2–3 (vorgeheizt, untere Einschubleiste)
Backzeit: etwa 25 Minuten.

5. Die Form auf einen Kuchenrost stellen. Den Springformrand lösen und entfernen. Den Apfelkuchen auf dem Springformboden erkalten lassen und auf eine Tortenplatte legen.

Pro Stück:	
Eiweiß:	3,3 g
Fett:	2,8 g
Kohlenhydrate:	23,4 g
kJ:	554
kcal:	132

Aprikosen-Quark-Gugelhupf

(20 Stück) **Gut vorzubereiten**

Zubereitungszeit: 30 Minuten
Backzeit: etwa 50 Minuten

Zum Vorbereiten:

1 kleine Dose	Aprikosenhälften (Abtropfgewicht 240 g)

Für den Rührteig:

100 g	Butter oder Margarine
150 g	Zucker
1 Pck.	Dr. Oetker Vanillin-Zucker
1 Prise	Salz
4 Tropfen	Bittermandel-Aroma
3	Eier (Größe M)
125 g	Speisequark (Magerstufe)
1 EL	Zitronensaft
300 g	Weizenmehl
1 Pck.	Dr. Oetker Backin
15	ganze, abgezogene Mandeln

Zum Bestreichen:

2 EL	Aprikosenkonfitüre
2 EL	Wasser

1. Zum Vorbereiten Aprikosenhälften in einem Sieb gut abtropfen lassen und in kleine Stücke schneiden.

2. Für den Teig Butter oder Margarine mit Handrührgerät mit Rührbesen auf höchster Stufe geschmeidig rühren. Nach und nach Zucker, Vanillin-Zucker, Salz und Aroma unterrühren. So lange rühren, bis eine gebundene Masse entstanden ist.

3. Eier nach und nach unterrühren (jedes Ei etwa ½ Minute). Quark und Zitronensaft unterrühren. Mehl mit Backpulver mischen, sieben, portionsweise auf mittlerer Stufe unterrühren. Aprikosenstücke unterheben.

4. Mandeln auf dem Boden einer Gugelhupfform (Ø 22 cm, gefettet) verteilen. Den Teig darauf geben und glatt streichen. Die Form auf dem Rost in den Backofen schieben.

Ober-/Unterhitze: etwa 180 °C (vorgeheizt)
Heißluft: etwa 160 °C (vorgeheizt)
Gas: Stufe 2–3 (vorgeheizt)
Backzeit: etwa 50 Minuten.

5. Den Gugelhupf etwa 10 Minuten in der Form stehen lassen, dann aus der Form lösen und auf einen Kuchenrost stürzen.

6. Zum Bestreichen Konfitüre durch ein Sieb streichen, mit Wasser in einem kleinen Topf unter Rühren kurz aufkochen lassen. Die Kuchenoberfläche damit bestreichen. Gugelhupf erkalten lassen.

Pro Stück:	
Eiweiß:	3,8 g
Fett:	6,1 g
Kohlenhydrate:	23,1 g
kJ:	682
kcal:	163

Marmorierte Beerentorte

(16 Stück) **Fruchtig**

Zubereitungszeit: 55 Minuten, ohne Auftau- und Kühlzeit
Backzeit: etwa 25 Minuten

Für den Biskuitteig:

2	Eier (Größe M)
75 g	Zucker
1 Pck.	Dr. Oetker Vanillin-Zucker
75 g	Weizenmehl
1 TL	Dr. Oetker Backin

Für den Belag:

1 Pck. (etwa 250 g)	TK-Beerenfrüchte
1 Pck.	Tortenguss, rot
25 g	Zucker
6 Blatt	weiße Gelatine
500 g	Speisequark (Magerstufe)
100 g	Zucker
1 EL	Zitronensaft
200 ml	Schlagsahne

1. Für den Teig Eier mit Handrührgerät mit Rührbesen auf höchster Stufe in 1 Minute schaumig schlagen. Zucker und Vanillin-Zucker mischen, in 1 Minute einstreuen, dann noch etwa 2 Minuten schlagen. Mehl mit Backpulver mischen, auf die Eiercreme sieben, kurz auf niedrigster Stufe unterrühren.

2. Den Teig in eine Springform (Ø 26 cm, mit Backpapier belegt) füllen und glatt streichen. Die Form auf dem Rost in den Backofen schieben.

Ober-/Unterhitze: etwa 180 °C (vorgeheizt)
Heißluft: etwa 160 °C (vorgeheizt)
Gas: Stufe 2–3 (vorgeheizt)
Backzeit: etwa 25 Minuten.

3. Den Biskuitboden aus der Form lösen, auf einen mit Backpapier belegten Kuchenrost stürzen, mitgebackenes Backpapier abziehen. Biskuitboden erkalten lassen und auf eine Platte legen. Einen Tortenring darumstellen.

4. Für den Belag Beerenfrüchte nach Packungsanleitung auftauen lassen und pürieren. Tortenguss mit Zucker mischen, mit dem Beerenpüree gut verrühren, unter Rühren zum Kochen bringen und gut aufkochen lassen. Topf von der Kochstelle nehmen und die Beerenmasse erkalten lassen.

5. Gelatine in kaltem Wasser nach Packungsanleitung einweichen, leicht ausdrücken. Die ausgedrückte Gelatine in einem kleinen Topf unter Rühren erwärmen (nicht kochen), bis sie völlig gelöst ist, leicht abkühlen lassen. Quark mit Zucker und Zitronensaft verrühren. Etwa 4 Esslöffel der Quarkmasse mit der Gelatine verrühren, dann mit der restlichen Quarkmasse verrühren.

6. Sahne steif schlagen. Wenn die Quarkmasse anfängt dicklich zu werden, Sahne unterheben. Die Quarkcreme und das Beerenpüree im Wechsel auf den Biskuitboden geben (der Rand sollte aus Quarkcreme bestehen), das Beerenpüree mit einem Löffelstiel leicht marmorieren. Die Torte mindestens 2 Stunden kalt stellen. Den Tortenring vorsichtig lösen und entfernen.

Pro Stück:	
Eiweiß:	6,6 g
Fett:	5,0 g
Kohlenhydrate:	19,3 g
kJ:	629
kcal:	150

Multivitamintorte

(16 Stück) **Fruchtig**

Zubereitungszeit: 55 Minuten, ohne Kühlzeit
Backzeit: etwa 25 Minuten

Für den Biskuitteig:

3	Eier (Größe M)
3 EL	heißes Wasser
100 g	Zucker
1 Pck.	Dr. Oetker Vanillin-Zucker
1 Prise	Salz
½ Pck.	Dr. Oetker Finesse Geriebene Zitronenschale
150 g	Weizenmehl
25 g	Speisestärke
1 gestr. TL	Dr. Oetker Backin

Für den Belag:

2 Dosen	Mandarinen (Abtropfgewicht je 175 g)
10 Blatt	weiße Gelatine
200 g	Frischkäse aus Buttermilch (Frischkäse Halbfettstufe; 6% Fett absolut)
500 ml (½ l)	Frucht Buttermilch Multi-Vitamin (max. 1% Fett)
80 g	Zucker
½ Pck.	Dr. Oetker Finesse Geriebene Zitronenschale
100 ml	Mandarinensaft (aus der Dose)

1. Für den Teig Eier und Wasser mit Handrührgerät mit Rührbesen auf höchster Stufe in 1 Minute schaumig schlagen. Zucker mit Vanillin-Zucker, Salz und Zitronenschale mischen, in 1 Minute einstreuen, dann noch etwa 2 Minuten schlagen.

2. Mehl mit Speisestärke und Backpulver mischen, die Hälfte davon auf die Eiercreme sieben, kurz auf niedrigster Stufe unterrühren. Restliches Mehlgemisch auf die gleiche Weise unterarbeiten. Teig in einer Springform (Ø 26 cm, Boden gefettet, mit Backpapier belegt) glatt streichen. Die Form auf dem Rost in den Backofen schieben.

Ober-/Unterhitze: etwa 180 °C (vorgeheizt)
Heißluft: etwa 160 °C (vorgeheizt)
Gas: Stufe 2–3 (vorgeheizt)
Backzeit: etwa 25 Minuten.

3. Den Biskuitboden aus der Form lösen und auf einen Kuchenrost stürzen. Mitgebackenes Backpapier abziehen. Biskuitboden erkalten lassen, einmal waagerecht durchschneiden. Den unteren Boden auf eine Platte legen, einen Tortenring darumstellen.

4. Für den Belag Mandarinen gut abtropfen lassen, Saft dabei auffangen und 100 ml davon abmessen. Gelatine nach Packungsanleitung einweichen. Frischkäse mit Buttermilch, Zucker, Zitronenschale und Mandarinensaft geschmeidig rühren. Gelatine leicht ausdrücken, in einem kleinen Topf unter Rühren erwärmen (nicht kochen), bis sie völlig gelöst ist, leicht abkühlen lassen. Gelatine mit etwas von der Frischkäse-Masse verrühren, dann mit der restlichen Frischkäse-Masse verrühren, kurz kalt stellen.

5. Gut zwei Drittel der Mandarinen auf dem unteren Biskuitboden verteilen, dabei etwa 1 cm Rand frei lassen. Zwei Drittel der Frischkäse-Masse darauf glatt streichen. Oberen Biskuitboden darauf legen, leicht andrücken, mit der restlichen Frischkäse-Masse bestreichen.

6. Tortenoberfläche mit den restlichen Mandarinen garnieren. Torte 3 Stunden kalt stellen. Tortenring lösen und entfernen.

Pro Stück:	
Eiweiß:	6,1 g
Fett:	2,1 g
Kohlenhydrate:	30,1 g
kJ:	690
kcal:	164

Cocktail-Torte

(16 Stück) **Mit Alkohol**

Zubereitungszeit: 50 Minuten, ohne Kühlzeit
Backzeit: etwa 20 Minuten

Zum Vorbereiten:

1 Dose	Fruchtcocktail (Abtropfgewicht 500 g)

Für den Biskuitteig:

2	Eier (Größe M)
1–2 EL	heißes Wasser
50 g	Zucker
1 Pck.	Dr. Oetker Vanillin-Zucker
75 g	Weizenmehl
1 TL	Dr. Oetker Backin

Für die Füllung:

500 g	Speisequark (Magerstufe)
150 g	fettarmer Joghurt mild (1,5% Fett)
175 g	Zucker
1 Pck.	Dr. Oetker Vanillin-Zucker
200 ml	Sekt, z.B. Deinhard Cabinet
1 Beutel	aus 1 Pck. Götterspeise Zitronen-Geschmack
6 EL	Wasser
2 Blatt	weiße Gelatine

Für den Belag:

1 Pck.	Tortenguss, rot
2 gestr. EL	Zucker
125 ml (⅛ l)	Fruchtsaft (aus der Dose)
125 ml (⅛ l)	Wasser

Pro Stück:

Eiweiß:	7,2 g
Fett:	1,1 g
Kohlenhydrate:	26,3 g
kJ:	647
kcal:	154

1. Zum Vorbereiten Fruchtcocktail in einem Sieb abtropfen lassen, den Saft dabei auffangen und 125 ml (⅛ l) davon abmessen.

2. Für den Teig Eier und Wasser mit Handrührgerät mit Rührbesen auf höchster Stufe in 1 Minute schaumig schlagen. Zucker mit Vanillin-Zucker mischen, in 1 Minute einstreuen, dann noch etwa 2 Minuten schlagen.

3. Mehl mit Backpulver mischen, auf die Eiercreme sieben und kurz auf niedrigster Stufe unterrühren. Den Teig in eine Springform (Ø 26 cm, mit Backpapier belegt) geben und glatt streichen. Die Form auf dem Rost in den Backofen schieben.

Ober-/Unterhitze:
etwa 180 °C (vorgeheizt, untere Einschubleiste)
Heißluft: etwa 160 °C (vorgeheizt)
Gas: Stufe 2–3 (vorgeheizt, untere Einschubleiste)
Backzeit: etwa 20 Minuten.

4. Den Biskuitboden aus der Form lösen, auf einen mit Backpapier belegten Kuchenrost stürzen. Biskuitboden erkalten lassen, auf eine Tortenplatte legen, einen Tortenring darumstellen.

5. Für die Füllung Quark mit Joghurt, Zucker, Vanillin-Zucker und Sekt glatt rühren. Götterspeise mit nur 6 Esslöffeln kaltem Wasser (ohne Zucker!) nach Packungsanleitung zubereiten. Zuerst 4 Esslöffel der Quarkmasse unter die Götterspeise rühren, dann mit der restlichen Quarkmasse verrühren. Gelatine nach Packungsanleitung einweichen, in einem kleinen Topf unter Rühren erwärmen (nicht kochen), bis sie völlig gelöst ist, leicht abkühlen lassen. Gelatine unter die etwas dicklich gewordene Quarkmasse rühren, auf den Biskuitboden geben und glatt streichen. Die Torte etwa 2 Stunden kalt stellen.

6. Für den Belag Fruchtcocktail auf der Quarkmasse verteilen. Einen Guss aus Tortengusspulver, Zucker, Saft und Wasser nach Packungsanleitung zubereiten. Den Guss auf dem Fruchtcocktail verteilen. Torte 4 Stunden kalt stellen, Tortenring entfernen.

Mohn-Kirsch-Torte

(16 Stück) **Einfach – mit Alkohol**

Zubereitungszeit: 45 Minuten, ohne Abkühlzeit
Backzeit: etwa 25 Minuten

Für den Biskuitteig:

4	Eier (Größe M)
2 EL	heißes Wasser
80 g	Zucker
125 g	Weizenmehl
2 gestr. TL	Dr. Oetker Backin
100 g	Mohnsamen

Für die Füllung:

1 Glas	Sauerkirschen (Abtropfgewicht 350 g)
1 Pck.	Tortenguss, rot
250 ml (¼ l)	Sauerkirschsaft (aus dem Glas)
25 g	Zucker

Zum Tränken:

4 EL	Kirschwasser
6 EL	Sauerkirschsaft (aus dem Glas)

Für die Joghurtcreme:

8 Blatt	weiße Gelatine
500 g	fettarmer Naturjoghurt (1,5% Fett)
1–2 EL	Zitronensaft
100 g	Zucker
200 ml	Schlagsahne
10 g	geschabte Schokolade

Pro Stück:

Eiweiß:	6,5 g
Fett:	9,1 g
Kohlenhydrate:	28,0 g
kJ:	965
kcal:	230

1. Für den Teig Eier und Wasser mit Handrührgerät mit Rührbesen auf höchster Stufe in 1 Minute schaumig schlagen. Zucker in 1 Minute einstreuen, dann noch etwa 2 Minuten schlagen.

2. Mehl mit Backpulver mischen, die Hälfte davon auf die Eiercreme sieben, kurz auf niedrigster Stufe unterrühren. Restliches Mehlgemisch auf die gleiche Weise unterarbeiten. Mohn unterheben. Den Teig in eine Springform (Ø 26 cm, mit Backpapier belegt) geben und glatt streichen. Die Form auf dem Rost in den Backofen schieben.

Ober-/Unterhitze: etwa 180 °C (vorgeheizt)
Heißluft: etwa 160 °C (vorgeheizt)
Gas: Stufe 2–3 (vorgeheizt)
Backzeit: etwa 25 Minuten.

3. Den Biskuitboden aus der Form lösen und auf einen mit Backpapier belegten Kuchenrost stürzen, mitgebackenes Backpapier abziehen. Biskuitboden erkalten lassen, einmal waagerecht durchschneiden.

4. Für die Füllung Sauerkirschen in einem Sieb abtropfen lassen, den Saft dabei auffangen und 250 ml (¼ l) davon abmessen, evtl. mit Wasser auffüllen. 16 Sauerkirschen zum Garnieren und 6 Esslöffel Sauerkirschsaft zum Tränken beiseite stellen.

5. Tortengusspulver mit Sauerkirschsaft und Zucker nach Packungsanleitung zubereiten, Sauerkirschen unterrühren, Kirschmasse erkalten lassen.

6. Den unteren Biskuitboden auf eine Platte legen. Einen Tortenring darumstellen. Kirschwasser mit dem beiseite gestellten Sauerkirschsaft verrühren. Den unteren Biskuitboden mit der Hälfte der Kirschwasserflüssigkeit beträufeln. Kirschmasse darauf geben und glatt streichen, dabei etwa 1 cm Rand frei lassen.

7. Für die Joghurtcreme Gelatine in kaltem Wasser nach Packungsanleitung einweichen. Joghurt mit Zitronensaft und Zucker verrühren. Gelatine in einem kleinen Topf unter Rühren erwärmen (nicht kochen), bis sie völlig gelöst ist, leicht abkühlen lassen.

(Fortsetzung Seite 106)

Etwa 4 Esslöffel der Joghurtmasse mit der Gelatine verrühren, dann mit der restlichen Joghurtmasse verrühren, kalt stellen.

8. Sahne steif schlagen. Wenn die Joghurtmasse anfängt dicklich zu werden, Sahne unterheben. Die Hälfte der Joghurt-Sahne-Creme auf der Kirschmasse verteilen. Oberen Boden darauf legen, leicht andrücken, mit der restlichen Kirschwasserflüssigkeit beträufeln. Restliche Joghurt-Sahne-Creme darauf glatt streichen. Tortenoberfläche mit den beiseite gestellten Sauerkirschen und der Schokolade garnieren, Torte 3 Stunden kalt stellen.

Amerikanische Käsetorte

(16 Stück) **Beliebt**

Zubereitungszeit: 40 Minuten, ohne Abkühlzeit
Backzeit: etwa 70 Minuten

Für den Boden:

125 g	Löffelbiskuits
60 g	zerlassene abgekühlte Butter

Für den Belag:

250 g	Speisequark (Magerstufe)
400 g	Frischkäse (40% Fett)
5	Eigelb (Größe M)
2 Becher (je 150 g)	saure Sahne (10% Fett)
2 EL	Speisestärke
125 g	Zucker
1 Pck.	Dr. Oetker Vanillin-Zucker
3 EL	Zitronensaft
1 Pck.	Dr. Oetker Finesse Geriebene Zitronenschale
5	Eiweiß (Größe M)

1. Für den Boden Löffelbiskuits in einen Gefrierbeutel geben, Beutel verschließen. Löffelbiskuits mit einer Teigrolle zerbröseln und in eine Schüssel geben. Butter zu den Löffelbiskuitbröseln geben und gut verrühren.

2. Die Biskuitbröselmasse in eine Springform (Ø 26 cm) geben und mit Hilfe eines Esslöffels zu einem flachen Boden andrücken.

3. Für den Belag Quark, Frischkäse, Eigelb, saure Sahne, Speisestärke, Zucker, Vanillin-Zucker, Zitronensaft und Zitronenschale in eine Rührschüssel geben und gut verrühren. Eiweiß steif schlagen und vorsichtig unterheben.

4. Die Masse auf den Biskuitbröselboden geben und glatt streichen. Die Form auf dem Rost in den Backofen schieben.

Ober-/Unterhitze: etwa 160 °C (vorgeheizt)
Heißluft: etwa 140 °C (nicht vorgeheizt)
Gas: Stufe 1–2 (nicht vorgeheizt)
Backzeit: etwa 70 Minuten.

5. Die Form auf einen Kuchenrost stellen. Die Torte etwas abkühlen lassen, dann aus der Form lösen und auf eine Tortenplatte legen. Torte erkalten lassen.

Pro Stück:	
Eiweiß:	8,7 g
Fett:	11,0 g
Kohlenhydrate:	17,2 g
kJ:	850
kcal:	203

Marmorierte Erdbeer-Johannisbeer-Torte

(16 Stück) **Fruchtig**

Zubereitungszeit: 50 Minuten, ohne Kühlzeit (Titelfoto)
Backzeit: etwa 25 Minuten

Für den Biskuitteig:

2	Eier (Größe M)
2 EL	heißes Wasser
80 g	Zucker
1 Pck.	Dr. Oetker Vanillin-Zucker
50 g	Weizenmehl
30 g	Speisestärke
15 g	Kakaopulver
1 gestr. TL	Dr. Oetker Backin

Für die Joghurtcreme:

7 Blatt	weiße Gelatine
500 g	Magermilchjoghurt
100 g	Zucker
100 ml	Orangensaft
200 ml	Schlagsahne

Für das Fruchtpüree:

3 Blatt	weiße Gelatine
300 g	vorbereitete Johannisbeeren
2 Pck.	Dr. Oetker Vanillin-Zucker
1 EL	Zucker
½ Tafel (50 g)	Zartbitterschokolade
300 g	vorbereitete Erdbeeren

1. Für den Teig Eier und Wasser mit Handrührgerät mit Rührbesen auf höchster Stufe in 1 Minute schaumig schlagen. Zucker und Vanillin-Zucker mischen, in 1 Minute einstreuen, dann noch etwa 2 Minuten schlagen.

2. Mehl mit Speisestärke, Kakao und Backpulver mischen, die Hälfte davon auf die Eiercreme sieben, kurz auf niedrigster Stufe unterrühren. Restliches Mehlgemisch auf die gleiche Weise unterarbeiten. Den Teig in eine Springform (Ø 26 cm, mit Backpapier belegt) füllen und glatt streichen. Die Form auf dem Rost in den Backofen schieben.

Ober-/Unterhitze: etwa 180 °C (vorgeheizt)
Heißluft: etwa 160 °C (vorgeheizt)
Gas: Stufe 2–3 (vorgeheizt)
Backzeit: etwa 25 Minuten.

3. Boden lösen, auf einen mit Backpapier belegten Kuchenrost stürzen. Mitgebackenes Backpapier abziehen. Boden erkalten lassen, auf eine Platte legen. Tortenring darumstellen.

4. Für die Joghurtcreme Gelatine nach Packungsanleitung einweichen, leicht ausdrücken. Ausgedrückte Gelatine unter Rühren erwärmen (nicht kochen), bis sie völlig gelöst ist. Joghurt mit Zucker und Orangensaft verrühren. Gelatine mit 2–3 Esslöffeln der Joghurtmasse verrühren, dann mit der restlichen Joghurtmasse verrühren, kalt stellen. Sahne steif schlagen. Sobald die Masse anfängt dicklich zu werden, Sahne unterheben.

5. Für das Fruchtpüree Gelatine nach Packungsanleitung einweichen. Johannisbeeren pürieren, durch ein Sieb streichen, mit Vanillin-Zucker und Zucker verrühren. Gelatine, wie unter Punkt 4 beschrieben, auflösen. Gelatine mit 3 Esslöffeln des Pürees verrühren, dann mit dem restlichen Püree verrühren, kalt stellen.

6. Die Joghurtcreme auf dem Biskuitboden verteilen. Fruchtpüree in Klecksen darauf geben, mit einer Gabel spiralförmig durchziehen. Torte 4 Stunden kalt stellen. Tortenring entfernen.

(Fortsetzung Seite 110)

Pro Stück:

Eiweiß:	4,4 g
Fett:	6,2 g
Kohlenhydrate:	24,0 g
kJ:	722
kcal:	172

7. Schokolade in Stücke brechen, in einem kleinen Topf im Wasserbad schmelzen. Erdbeeren an den grünen Stielansätzen fassen, jeweils mit der Spitze in die Schokolade tauchen, auf Backpapier legen. Schokolade fest werden lassen. Die Torte mit den Erdbeeren garnieren.

Stachelbeertorte mit Mandel-Baiserhaube

(12 Stück) **Vollwertig**

Zubereitungszeit: 30 Minuten, ohne Abkühlzeit
Backzeit: etwa 40 Minuten

Zum Vorbereiten:

1 Glas	Stachelbeeren (Abtropfgewicht 360 g)

Für den All-in-Teig:

200 g	Weizenmehl
25 g	Speisestärke
4 gestr. TL	Dr. Oetker Backin
100 g	Zucker
1 Pck.	Dr. Oetker Vanillin-Zucker
3	Eigelb (Größe M)
2	Eier (Größe M)
150 ml	fettarmer Naturjoghurt (1,5% Fett)

Für das Baiser:

3	Eiweiß (Größe M)
60 g	Zucker
1 EL	abgezogene, gehobelte Mandeln

1. Zum Vorbereiten Stachelbeeren in einem Sieb gut abtropfen lassen.

2. Für den Teig Mehl mit Speisestärke und Backpulver mischen, in eine Rührschüssel sieben. Restliche Zutaten hinzufügen und mit Handrührgerät mit Rührbesen auf höchster Stufe in etwa 2 Minuten zu einem glatten Teig verarbeiten. Den Teig in eine Springform (Ø 26 cm, mit Backpapier belegt) geben und glatt streichen. Stachelbeeren darauf verteilen. Die Form auf dem Rost in den Backofen schieben.

Ober-/Unterhitze: etwa 180 °C (vorgeheizt)
Heißluft: etwa 160 °C (vorgeheizt)
Gas: Stufe 2–3 (vorgeheizt)
Backzeit: etwa 30 Minuten.

3. Die Form auf einen Kuchenrost stellen, die Torte etwas abkühlen lassen. Für das Baiser Eiweiß mit Handrührgerät mit Rührbesen auf höchster Stufe steif schlagen. Der Schnee muss so fest sein, dass ein Messerschnitt sichtbar bleibt, Zucker nach und nach kurz unterschlagen. Die Baisermasse in einen Spritzbeutel mit Sterntülle geben und Tuffs auf die Tortenoberfläche spritzen.

4. Mandeln darauf streuen. Die Form wieder auf dem Rost in den Backofen schieben und die Baisermasse **bei gleicher Backofeneinstellung etwa 10 Minuten** überbacken.

5. Die Torte aus der Form lösen und auf einem Kuchenrost erkalten lassen.

Pro Stück:	
Eiweiß:	5,6 g
Fett:	3,7 g
Kohlenhydrate:	33,8 g
kJ:	806
kcal:	192

Himbeer-Grieß-Torte

(16 Stück) **Dauert etwas länger**

Zubereitungszeit: 45 Minuten, ohne Kühlzeit
Backzeit: etwa 20 Minuten

Für den Rührteig:

40 g	weiche Halbfettbutter (39% Fett)
75 g	gesiebter Puderzucker
1 Pck.	Dr. Oetker Vanillin-Zucker
2	Eier (Größe M)
100 g	Weizenmehl
2 gestr. TL	Dr. Oetker Backin
20 g	Kakaopulver (ungezuckert)
3 EL	Milch

Zum Bestreichen:

2 EL	Himbeerkonfitüre

Für den Belag:

2 Pck.	Dr. Oetker Süße Mahlzeit, Grießbrei nach klassischer Art
600 ml	fettarme Milch (1,5% Fett)
150 g	fettarmer Joghurt mild (1,5% Fett)
500 g	Himbeeren

Für den Guss:

1 Pck.	Tortenguss, rot
2 EL	Zucker
100 ml	Saft, z.B. heller Traubensaft
150 ml	Wasser

Pro Stück:

Eiweiß:	4,5 g
Fett:	3,1 g
Kohlenhydrate:	29,3 g
kJ:	696
kcal:	165

1. Für den Teig Halbfettbutter mit Handrührgerät mit Rührbesen auf höchster Stufe geschmeidig rühren. Nach und nach Puderzucker und Vanillin-Zucker unterrühren. So lange rühren, bis eine gebundene Masse entstanden ist.

2. Eier nach und nach unterrühren (jedes Ei etwa ½ Minute). Mehl mit Backpulver und Kakao mischen, sieben, in 2 Portionen abwechselnd mit der Milch auf mittlerer Stufe unterrühren.

3. Den Teig in eine Springform (Ø 26 cm, mit Backpapier belegt) geben und glatt streichen. Die Form auf dem Rost in den Backofen schieben.

Ober-/Unterhitze: etwa 180 °C (vorgeheizt)
Heißluft: etwa 160 °C (vorgeheizt)
Gas: Stufe 2–3 (vorgeheizt)
Backzeit: etwa 20 Minuten.

4. Den Gebäckboden aus der Form lösen und auf einen Kuchenrost stürzen. Gebäckboden erkalten lassen, dann mitgebackenes Backpapier abziehen.

5. Gebäckboden auf eine Tortenplatte legen, einen Tortenring darumstellen. Gebäckboden mit Konfitüre bestreichen.

6. Für den Belag 2 Päckchen Grießbrei nach Packungsanleitung, aber statt mit 1 l Milch nur mit 600 ml Milch zubereiten. Grießbrei etwa 5 Minuten stehen lassen, dann Joghurt mit einem Schneebesen unterrühren. Die Grießmasse auf den Gebäckboden geben und glatt streichen. Den Kuchen mindestens 2 Stunden kalt stellen.

7. Himbeeren verlesen und auf der Grießmasse verteilen.

8. Für den Guss aus Tortengusspulver, Zucker, Traubensaft und Wasser nach Packungsanleitung einen Guss zubereiten, mit Hilfe eines Esslöffels auf den Himbeeren verteilen. Die Torte etwa 1 Stunde kalt stellen. Tortenring lösen und entfernen.

Biskuittorte mit Erdbeer-Kokos-Quark

(16 Stück) **Fruchtig**

Zubereitungszeit: 50 Minuten, ohne Kühlzeit
Backzeit: etwa 30 Minuten

Für den Biskuitteig:

4	Eier (Größe M)
4 EL	heißes Wasser
125 g	Zucker
1 Pck.	Dr. Oetker Vanillin-Zucker
100 g	Weizenmehl
50 g	Speisestärke
1 gestr. TL	Dr. Oetker Backin
30 g	Kokosraspel

Für die Füllung:

6 Blatt	weiße Gelatine
30 g	Kokosraspel
500 g	Quarkzubereitung (mit 0,2% Fett)
75 g	Zucker
1	Saft von Zitrone
750 g	frische Erdbeeren
200 ml	Schlagsahne

Zum Bestreichen:

5 EL	Erdbeerkonfitüre
2 EL	Wasser

1. Für den Teig aus den angegebenen Zutaten wie auf Seite 108 beschrieben einen Biskuitteig zubereiten. Zuletzt Kokosraspel unterheben. Den Teig in eine Springform (Ø 26 cm, mit Backpapier belegt) füllen und glatt streichen. Die Form auf dem Rost in den Backofen schieben.

Ober-/Unterhitze: etwa 180 °C (vorgeheizt)
Heißluft: etwa 160 °C (vorgeheizt)
Gas: Stufe 2–3 (vorgeheizt)
Backzeit: etwa 30 Minuten.

2. Den Biskuitboden aus der Form lösen, auf einen mit Backpapier belegten Kuchenrost stürzen. Mitgebackenes Backpapier abziehen. Boden erkalten lassen, zweimal waagerecht durchschneiden.

3. Für die Füllung Gelatine nach Packungsanleitung einweichen. Kokosraspel in einer Pfanne ohne Fett goldbraun rösten, erkalten lassen. Quarkzubereitung mit Zucker, Zitronensaft und Kokosraspeln verrühren. Ausgedrückte Gelatine unter Rühren erwärmen (nicht kochen), bis sie völlig gelöst ist. Gelatine mit 2 Esslöffeln der Quarkmasse verrühren, dann mit der restlichen Quarkmasse verrühren, kurz kalt stellen.

4. Erdbeeren waschen, abtropfen lassen, entstielen (etwa 16 Erdbeeren beiseite legen), große Erdbeeren evtl. halbieren. Den unteren Biskuitboden auf eine Platte legen. Einen Tortenring darumstellen. Erdbeeren auf dem Biskuitboden verteilen.

5. Sahne steif schlagen. Sobald die Quarkmasse anfängt dicklich zu werden, Sahne unterheben. Die Hälfte der Creme auf den Erdbeeren glatt streichen. Mittleren Boden darauf legen, leicht andrücken. Restliche Creme darauf verteilen. Mit dem oberen Boden belegen. Torte mindestens 3 Stunden kalt stellen.

6. Zum Bestreichen Konfitüre mit Wasser verrühren, unter Rühren etwas einkochen lassen. Tortenoberfläche mit etwas Konfitüre bestreichen, mit den beiseite gelegten Erdbeeren garnieren, mit der restlichen Konfitüre bestreichen. Tortenring entfernen.

Pro Stück:	
Eiweiß:	6,1 g
Fett:	8,2 g
Kohlenhydrate:	34,3 g
kJ:	996
kcal:	237

Pfirsich-Streifen-Kuchen

(20 Stück) **Raffiniert – für Gäste**

Zubereitungszeit: 90 Minuten, ohne Abkühl- und Ruhezeit
Backzeit: etwa 25 Minuten

Zum Vorbereiten für die Creme und den Belag:

2 Pck.	Dr. Oetker Gala Pudding-Pulver Bourbon-Vanille
80 g	Zucker
700 ml	fettarme Milch (1,5% Fett)
150 g	Dr. Oetker Crème légère
1 Dose	Pfirsichhälften (Abtropfgewicht 480 g)

Für den Hefeteig:

375 g	Weizenmehl
1 Pck.	Dr. Oetker Hefeteig Garant
50 g	Zucker
1 Pck.	Dr. Oetker Vanillin-Zucker
1 Prise	Salz
3 Tropfen	Bittermandel-Aroma
180 ml	fettarme Milch (1,5% Fett)
75 g	weiche Halbfettmargarine (24% Fett)

Für die Creme:

1 EL	fettarme Milch (1,5% Fett)
2 EL	gesiebtes Kakaopulver (ungezuckert)

Zum Aprikotieren:

4 EL	Aprikosenkonfitüre
2 EL	Wasser

1. Zum Vorbereiten einen Pudding aus Pudding-Pulver, Zucker und Milch nach Packungsanleitung (aber mit den hier angegebenen Zutaten) zubereiten, Crème légère unterrühren. Puddingcreme in eine Rührschüssel geben und sofort mit Frischhaltefolie belegen, erkalten lassen. Pfirsichhälften in einem Sieb abtropfen lassen und in Spalten schneiden.

2. Für den Teig Mehl in eine Rührschüssel sieben und sorgfältig mit Hefeteig Garant vermischen. Zucker, Vanillin-Zucker, Salz, Aroma, Milch und Margarine hinzufügen. Die Zutaten mit Handrührgerät mit Knethaken zunächst kurz auf niedrigster, dann auf höchster Stufe in etwa 2 Minuten zu einem glatten Teig verarbeiten.

3. Den Teig aus der Schüssel nehmen, auf einer leicht bemehlten Arbeitsfläche nochmals kurz durchkneten, zu einer Rolle formen und auf einem Backblech (30 x 40 cm, mit Halbfettmargarine gefettet) ausrollen.

4. Die vorbereitete Puddingcreme mit Handrührgerät mit Rührbesen cremig rühren. Creme halbieren, eine Cremehälfte in einen Spritzbeutel mit Lochtülle (Ø 8 mm) füllen und in gleichmäßigen Abständen von etwa 2 cm Streifen auf den Hefeteigboden spritzen. Restliche Puddingcreme mit Milch und Kakao verrühren, ebenfalls in einen Spritzbeutel mit Lochtülle (Ø 8 mm) füllen und in die Zwischenräume spritzen.

5. Pfirsichspalten auf der Creme verteilen, etwa 15 Minuten ruhen lassen. Das Backblech in den Backofen schieben.

Ober-/Unterhitze: etwa 180 °C (vorgeheizt, untere Einschubleiste)
Heißluft: etwa 160 °C (vorgeheizt)
Gas: Stufe 2–3 (vorgeheizt, untere Einschubleiste)
Backzeit: etwa 25 Minuten.

6. Das Backblech auf einen Kuchenrost stellen. Zum Aprikotieren Konfitüre durch ein Sieb streichen, mit Wasser unter Rühren etwas einkochen lassen. Den Kuchen sofort damit bestreichen und erkalten lassen.

Pro Stück:

Eiweiß:	4,4 g
Fett:	4,1 g
Kohlenhydrate:	34,9 g
kJ:	824
kcal:	197

Apfel-Walnuss-Kranz

(16 Stück) **Preiswert**

Zubereitungszeit: 40 Minuten, ohne Abkühlzeit
Backzeit: etwa 45 Minuten

Zum Vorbereiten für die Füllung:

750 g	säuerliche Äpfel (z.B. Boskop)
	Schale und Saft von
1	Bio-Zitrone (unbehandelt, ungewachst)
50 g	Walnusskerne
3–4 Tropfen	Bittermandel-Aroma

Für den Quark-Öl-Teig:

300 g	Weizenmehl
3 gestr. TL	Dr. Oetker Backin
125 g	Speisequark (Magerstufe)
75 ml	fettarme Milch (1,5% Fett)
75 ml	Speiseöl, z.B. Sonnenblumenöl
100 g	Zucker
1 Pck.	Dr. Oetker Vanillin-Zucker
1 Prise	Salz

Für den Guss:

75 g	gesiebter Puderzucker
1–2 EL	Zitronensaft

1. Zum Vorbereiten Äpfel schälen, vierteln, entkernen und klein schneiden. Apfelstückchen mit Zitronenschale und -saft mischen und in einem Topf unter Rühren leicht dünsten. Gedünstete Äpfel in einem Sieb abtropfen lassen. Walnusskerne grob hacken, zusammen mit dem Aroma unter die Apfelmasse rühren.

2. Für den Teig Mehl mit Backpulver mischen, in eine Rührschüssel sieben. Quark, Milch, Öl, Zucker, Vanillin-Zucker und Salz hinzufügen. Die Zutaten mit Handrührgerät mit Knethaken zunächst kurz auf niedrigster, dann auf höchster Stufe in etwa 1 Minute zu einem Teig verarbeiten (nicht zu lange, Teig klebt sonst).

3. Anschließend auf einer bemehlten Arbeitsfläche zu einer Rolle formen. Teigrolle zu einem Rechteck (etwa 30 x 40 cm) ausrollen. Die Apfel-Walnuss-Masse darauf verteilen, dabei rundherum einen etwa 5 cm breiten Rand frei lassen. Den Teig von der längeren Seite her vorsichtig aufrollen und auf einem Backblech (mit Backpapier belegt) zu einem Kranz zusammenlegen. Die Teigoberfläche mit einem scharfen Messer mehrmals einschneiden. Das Backblech in den Backofen schieben.

Ober-/Unterhitze: etwa 180 °C (vorgeheizt)
Heißluft: etwa 160 °C (nicht vorgeheizt)
Gas: Stufe 2–3 (nicht vorgeheizt)
Backzeit: etwa 45 Minuten.

4. Den Gebäckkranz mit dem Backpapier vom Backblech auf einen Kuchenrost ziehen. Den Gebäckkranz etwas abkühlen lassen.

5. Für den Guss Puderzucker mit Zitronensaft zu einer geschmeidigen Masse verrühren. Den Gebäckkranz mit dem Guss besprenkeln. Den Guss fest werden lassen.

Tipp: Anstelle des Zitronengusses können Sie den Gebäckkranz wie folgt aprikotieren: 100 g Aprikosenkonfitüre durch ein Sieb streichen, in einem kleinen Topf unter Rühren erwärmen. Den warmen Gebäckkranz damit bestreichen, erkalten lassen. Der Gebäckkranz kann auch gut eingefroren werden, dann sollte er jedoch erst nach dem Auftauen mit Guss überzogen werden.

Pro Stück:	
Eiweiß:	3,8 g
Fett:	7,1 g
Kohlenhydrate:	30,9 g
kJ:	847
kcal:	202

Aprikosen-Streuselkuchen

(20 Stück)

Fruchtig

Zubereitungszeit: 50 Minuten, ohne Teiggehzeit
Backzeit: etwa 30 Minuten

Für den Hefeteig:

375 g	Weizenmehl
1 Pck.	Dr. Oetker Trockenbackhefe
50 g	Zucker
1 Pck.	Dr. Oetker Vanillin-Zucker
1 Prise	Salz
1 Pck.	Dr. Oetker Finesse Geriebene Zitronenschale
1	Ei (Größe M)
25 g	zerlassene abgekühlte Halbfettbutter (39% Fett)
150 ml	lauwarme fettarme Milch (1,5 % Fett)

Für den Belag:

2 Dosen	Aprikosenhälften (Abtropfgewicht je 480 g)
500 g	fettarmer Joghurt mild (1,5% Fett)
75 g	Zucker
2	Eier (Größe M)
1 Pck.	Dr. Oetker Pudding-Pulver Vanille-Geschmack

Für die Streusel:

150 g	Weizenmehl
50 g	kernige Haferflocken
80 g	Zucker
1 Pck.	Dr. Oetker Vanillin-Zucker
80 g	kalte Halbfettbutter (39% Fett)

Pro Stück:

Eiweiß:	6,1 g
Fett:	4,4 g
Kohlenhydrate:	43,5 g
kJ:	1007
kcal:	240

1. Für den Teig Mehl in eine Rührschüssel sieben, mit Trockenbackhefe sorgfältig vermischen. Zucker, Vanillin-Zucker, Salz, Zitronenschale, Ei, Butter und Milch hinzufügen.

2. Die Zutaten mit Handrührgerät mit Knethaken zunächst kurz auf niedrigster, dann auf höchster Stufe in etwa 5 Minuten zu einem Teig verarbeiten. Den Teig zugedeckt so lange an einem warmen Ort stehen lassen, bis er sich sichtbar vergrößert hat.

3. Für den Belag Aprikosenhälften in einem Sieb gut abtropfen lassen.

4. Den gegangenen Teig leicht mit Mehl bestäuben, aus der Schüssel nehmen, auf einer bemehlten Arbeitsfläche nochmals kurz durchkneten und auf einem Backblech (30 x 40 cm, gefettet) ausrollen. Teigboden mehrmals mit einer Gabel einstechen.

5. Joghurt mit Zucker, Eiern und Pudding-Pulver gut verrühren. Die Joghurtmasse auf den Teigboden geben und glatt streichen, dabei am Rand etwa 1 cm frei lassen. Aprikosenhälften auf der Joghurtmasse verteilen.

6. Für die Streusel Mehl in eine Rührschüssel sieben, mit Haferflocken, Zucker und Vanillin-Zucker mischen, Butter hinzufügen. Die Zutaten mit Handrührgerät mit Rührbesen zu Streuseln von gewünschter Größe verarbeiten. Die Streusel auf den Aprikosenhälften verteilen.

7. Den Teig nochmals so lange an einem warmen Ort gehen lassen, bis er sich sichtbar vergrößert hat. Das Backblech in den Backofen schieben.

Ober-/Unterhitze: etwa 180 °C (vorgeheizt)
Heißluft: etwa 160 °C (vorgeheizt)
Gas: Stufe 2–3 (vorgeheizt)
Backzeit: etwa 30 Minuten.

8. Das Backblech auf einen Kuchenrost stellen. Den Kuchen erkalten lassen.

Apfel-Birnen-Blechkuchen

(20 Stück) **Vollwertig**

Zubereitungszeit: 60 Minuten, ohne Teiggeh- und Abkühlzeit
Backzeit: etwa 35 Minuten

Für den Hefeteig:

375 g	Weizenmehl
1 Pck.	Dr. Oetker Trockenbackhefe
1 Prise	Salz
50 g	Zucker
1 Pck.	Dr. Oetker Finesse Geriebene Zitronenschale
200 ml	lauwarme fettarme Milch (1,5% Fett)
40 g	zerlassene abgekühlte Butter oder Margarine

Für den Belag:

750 g	Äpfel (z.B. Cox Orange, Jonagold)
750 g	Birnen (z.B. Bürgermeister, Williams)

Zum Bestreuen:

25 g	gehackte Haselnusskerne

Zum Bestreichen:

75 g	Apfel- oder Quittengelee
1–2 EL	Wasser

1. Für den Teig Mehl in eine Rührschüssel sieben, mit Trockenbackhefe sorgfältig vermischen. Salz, Zucker, Zitronenschale, Milch und Butter oder Margarine hinzufügen.

2. Die Zutaten mit Handrührgerät mit Knethaken zunächst kurz auf niedrigster, dann auf höchster Stufe in etwa 5 Minuten zu einem Teig verarbeiten. Den Teig zugedeckt so lange an einem warmen Ort stehen lassen, bis er sich sichtbar vergrößert hat.

3. Für den Belag Äpfel und Birnen schälen, halbieren, entkernen und in Spalten schneiden. Den Teig leicht mit Mehl bestäuben, aus der Schüssel nehmen, auf einer bemehlten Arbeitsfläche kurz durchkneten und auf einem Backblech (30 x 40 cm, gefettet) ausrollen.

4. Die Apfel- und Birnenspalten dachziegelartig auf den Teig legen und leicht andrücken. Haselnusskerne darauf streuen und Teig zugedeckt nochmals so lange an einem warmen Ort gehen lassen, bis er sich sichtbar vergrößert hat. Das Backblech in den Backofen schieben.

Ober-/Unterhitze: etwa 180 °C (vorgeheizt)
Heißluft: etwa 160 °C (nicht vorgeheizt)
Gas: Stufe 2–3 (nicht vorgeheizt)
Backzeit: etwa 35 Minuten.

5. Das Backblech auf einen Kuchenrost stellen. Den Kuchen etwas abkühlen lassen.

6. Zum Bestreichen Gelee mit Wasser in einem kleinen Topf unter Rühren erwärmen. Den Kuchen damit bestreichen, erkalten lassen und in Stücke schneiden.

Pro Stück:	
Eiweiß:	2,9 g
Fett:	3,4 g
Kohlenhydrate:	26,4 g
kJ:	616
kcal:	147

Tiramisu-Rolle

(16 Stück) **Für Gäste**

Zubereitungszeit: 30 Minuten, ohne Kühlzeit
Backzeit: etwa 10 Minuten

Für den Biskuitteig:

4	Eier (Größe M)
1	Eigelb (Größe M)
65 g	Zucker
1 Pck.	Dr. Oetker Vanillin-Zucker
80 g	Weizenmehl
1 Msp.	Dr. Oetker Backin
1 geh. EL	Kakaopulver (ungezuckert)
1	Portionstütchen (2 g) Espressopulver

Für die Füllung:

200 g	fettarmer Frischkäse (16,7% Fett)
250 ml (¼ l)	fettarme Milch (1,5% Fett)
250 g	Speisequark (Magerstufe)
2 Pck.	Tiramisu (Cremepulver)
1 geh. EL	Puderzucker
2 TL	Kakaopulver (ungezuckert)

1. Für den Teig Eier und Eigelb mit Handrührgerät mit Rührbesen auf höchster Stufe in 1 Minute schaumig schlagen. Zucker und Vanillin-Zucker mischen, in 1 Minute einstreuen, dann noch etwa 2 Minuten schlagen.

2. Mehl mit Backpulver, Kakao und Espressopulver mischen, auf die Eiercreme sieben und kurz auf niedrigster Stufe unterrühren. Den Teig auf ein Backblech (30 x 40 cm, gefettet, mit Backpapier belegt) geben und glatt streichen. Das Backblech in den Backofen schieben.

Ober-/Unterhitze: etwa 200 °C (vorgeheizt, unteres Drittel)
Heißluft: etwa 180 °C (vorgeheizt)
Gas: Stufe 3–4 (vorgeheizt, unteres Drittel)
Backzeit: etwa 10 Minuten.

3. Biskuitplatte lösen, auf eine Arbeitsfläche stürzen und mit dem Backpapier erkalten lassen. Anschließend die Biskuitplatte mit dem Backpapier wenden, evtl. dunkle Backhaut entfernen.

4. Für die Füllung Frischkäse mit Milch und Quark in einen mit heißem Wasser ausgespülten Rührbecher geben und glatt rühren. Cremepulver hinzufügen und mit Handrührgerät mit Rührbesen zunächst kurz auf niedrigster, dann auf höchster Stufe in etwa 3 Minuten aufschlagen.

5. Die Biskuitplatte gleichmäßig mit der Creme bestreichen, dabei an den kurzen Seiten und an der oberen langen Seite einen Rand frei lassen. Biskuitplatte von der langen Seite mit Hilfe des Backpapiers aufrollen, dabei das Backpapier gleichzeitig lösen. Biskuitrolle mindestens 1 Stunde kalt stellen.

6. Die Tiramisu-Rolle vor dem Servieren mit Puderzucker bestäuben. Anschließend Kakao in Querstreifen darauf stäuben.

Pro Stück:

Eiweiß:	6,9 g
Fett:	5,5 g
Kohlenhydrate:	17,8 g
kJ:	623
kcal:	149

Buttermilchecken

(18 Stück) **Für Kinder**

Zubereitungszeit: 60 Minuten, ohne Kühlzeit
Backzeit: etwa 15 Minuten

Für den Biskuitteig:

4	Eier (Größe M)
3–4 EL	heißes Wasser
75 g	Zucker
1 Pck.	Dr. Oetker Vanillin-Zucker
1 Pck.	Dr. Oetker Finesse Orangenfrucht
100 g	Weizenmehl
25 g	Speisestärke
1 gestr. TL	Dr. Oetker Backin

Für den Belag:

10 Blatt	weiße Gelatine
500 g	Speisequark (Magerstufe)
500 ml (½ l)	Orangen-Buttermilch-Getränk
2 Pck.	Dr. Oetker Vanillin-Zucker

Zum Garnieren und Verzieren:

1 kleine Dose	Pfirsichhälften (Abtropfgewicht 230 g)
200 ml	Schlagsahne
1 Pck.	Dr. Oetker Vanillin-Zucker
1 Pck.	Dr. Oetker Sahnesteif
	Pistazienkerne

Pro Stück:

Eiweiß:	7,8 g
Fett:	5,1 g
Kohlenhydrate:	18,8 g
kJ:	644
kcal:	154

1. Für den Teig Eier und Wasser mit Handrührgerät mit Rührbesen auf höchster Stufe in 1 Minute schaumig schlagen. Zucker mit Vanillin-Zucker und Orangenfrucht mischen, in 1 Minute einstreuen, dann noch etwa 2 Minuten schlagen.

2. Mehl mit Speisestärke und Backpulver mischen, die Hälfte davon auf die Eiercreme sieben, kurz auf niedrigster Stufe unterrühren. Restliches Mehlgemisch auf die gleiche Weise unterarbeiten. Den Teig auf ein Backblech (30 x 40 cm, gefettet, mit Backpapier belegt) geben und glatt streichen, einen Backrahmen darumstellen. Das Backblech in den Backofen schieben.

Ober-/Unterhitze: etwa 180 °C (vorgeheizt, mittlere Einschubleiste)
Heißluft: etwa 160 °C (vorgeheizt)
Gas: Stufe 2–3 (vorgeheizt, mittlere Einschubleiste)
Backzeit: etwa 15 Minuten.

3. Das Backblech auf einen Kuchenrost stellen, Biskuitboden erkalten lassen.

4. Für den Belag Gelatine nach Packungsanleitung einweichen. Quark in eine Rührschüssel geben, Buttermilch unterrühren. Vanillin-Zucker hinzufügen. Gelatine leicht ausdrücken, unter Rühren erwärmen (nicht kochen), bis sie völlig gelöst ist, abkühlen lassen. Etwa 4 Esslöffel der Quarkmasse mit der Gelatine verrühren, dann mit der restlichen Quarkmasse verrühren. Die Masse auf dem Biskuitboden glatt streichen. 3 Stunden kalt stellen.

5. Zum Garnieren und Verzieren Pfirsichhälften gut abtropfen lassen, in Spalten schneiden. Sahne mit Vanillin-Zucker und Sahnesteif steif schlagen, in einen Spritzbeutel mit Sterntülle geben.

6. Den Kuchen in 9 Stücke (10 x 10 cm) schneiden. Jedes Stück nochmals diagonal durchschneiden, so dass Dreiecke entstehen.

7. Die Buttermilchecken mit der Sahne aus dem Spritzbeutel verzieren und mit je einer Pfirsichspalte garnieren. Mit Pistazienkernen bestreuen.

Mandarinen-Zitronen-Rolle

(16 Stück) **Erfrischend**

Zubereitungszeit: 30 Minuten, ohne Kühlzeit
Backzeit: etwa 10 Minuten

Für den Biskuitteig:

4	Eier (Größe M)
1	Eigelb (Größe M)
65 g	Zucker
1 Pck.	Dr. Oetker Vanillin-Zucker
80 g	Weizenmehl
1 Msp.	Dr. Oetker Backin

Für die Füllung:

1 große Dose	Mandarinen (Abtropfgewicht 480 g)
250 g	Speisequark (Magerstufe)
100 ml	Mandarinensaft (aus der Dose)
1 Pck.	Dr. Oetker Vanillin-Zucker
1 Pck.	Dr. Oetker Mousse Zitrone (Cremepulver)

Für den Guss:

3 EL	gesiebter Puderzucker
etwa 2 TL	Mandarinensaft (aus der Dose)

Pro Stück:

Eiweiß:	5,2 g
Fett:	2,5 g
Kohlenhydrate:	22,1 g
kJ:	561
kcal:	134

1. Für den Teig Eier und Eigelb mit Handrührgerät mit Rührbesen in 1 Minute schaumig schlagen. Zucker und Vanillin-Zucker mischen, in 1 Minute einstreuen, dann noch 2 Minuten schlagen.

2. Mehl mit Backpulver mischen, auf die Eiercreme sieben, kurz auf niedrigster Stufe unterrühren. Den Teig auf ein Backblech (30 x 40 cm, gefettet, mit Backpapier belegt) geben, glatt streichen. Das Backblech in den Backofen schieben.

Ober-/Unterhitze: etwa 200 °C (vorgeheizt, unteres Drittel)
Heißluft: etwa 180 °C (vorgeheizt)
Gas: Stufe 3–4 (vorgeheizt, unteres Drittel)
Backzeit: etwa 10 Minuten.

3. Die Biskuitplatte vorsichtig lösen, auf eine Arbeitsfläche stürzen, mit dem Backpapier erkalten lassen. Biskuitplatte mit dem Backpapier wenden, evtl. dunkle Backhaut entfernen.

4. Für die Füllung Mandarinen gut abtropfen lassen, Saft dabei auffangen, 100 ml für die Füllung und 2 Teelöffel für den Guss davon abmessen. 16 Mandarinen zum Garnieren beiseite legen.

5. Quark mit Saft und Vanillin-Zucker geschmeidig rühren, in einen mit heißem Wasser ausgespülten Rührbecher geben. Cremepulver hinzufügen und nach Packungsanleitung in etwa 3 Minuten aufschlagen, Mandarinen unterheben.

6. Die Creme gleichmäßig auf der Biskuitplatte verteilen, dabei an den kurzen Seiten und an der oberen langen Seite einen Rand frei lassen. Biskuitplatte von der langen Seite her mit Hilfe des Backpapiers aufrollen, dabei das Backpapier gleichzeitig lösen.

7. Für den Guss Puderzucker und Saft zu einer dickflüssigen Masse verrühren, in einen Gefrierbeutel füllen, eine kleine Ecke abschneiden. Den Guss im Zickzack-Muster auf die Biskuitrolle spritzen. Beiseite gelegte Mandarinen darauf legen, vorsichtig in den Guss drücken. Mandarinen-Zitronen-Rolle etwa 1 Stunde kalt stellen.

Feine Apfelschnitten

(20 Stück) **Fruchtig – mit Alkohol**

Zubereitungszeit: 40 Minuten, ohne Abkühlzeit
Backzeit: etwa 30 Minuten

Für den Belag:

1,2 kg	säuerliche Äpfel, z.B. Boskop
	Saft von
1	Zitrone
etwa	
150 ml	Apfelsaft
1 Pck.	Dr. Oetker Pudding-Pulver Vanille-Geschmack
200 ml	trockener Weißwein
25 g	Zucker
½ Pck.	Dr. Oetker Finesse Geriebene Zitronenschale

Für den Streuselteig:

80 g	weiche Halbfettbutter (39% Fett)
½ Pck.	Dr. Oetker Finesse Geriebene Zitronenschale
80 g	Zucker
1 Prise	Salz
1	Ei (Größe M)
200 g	Weizenmehl
80 g	Speisestärke
1 TL	Dr. Oetker Backin

Zum Bestreuen:

3–4 EL	Hagelzucker

1. Für den Belag Äpfel schälen, vierteln, entkernen und grob raspeln. Apfelraspel mit Zitronensaft beträufeln und in einem Sieb gut abtropfen lassen, dabei Apfelraspel leicht ausdrücken und den Saft auffangen. Den aufgefangenen Saft mit Apfelsaft auf 150 ml auffüllen.

2. Pudding-Pulver mit 6 Esslöffeln des Apfelsaftes anrühren. Restlichen Apfelsaft und Wein in einem Topf mit Zucker zum Kochen bringen. Angerührtes Pudding-Pulver unter Rühren in die von der Kochstelle genommene Apfelsaft-Wein-Flüssigkeit geben, unter Rühren gut aufkochen lassen. Sofort Apelraspel und Zitronenschale unterheben. Pudding-Apfel-Masse beiseite stellen.

3. Für den Teig Halbfettbutter mit Handrührgerät mit Rührbesen auf höchster Stufe geschmeidig rühren. Zitronenschale, Zucker und Salz hinzugeben. Ei in etwa ½ Minute unterrühren. Mehl mit Speisestärke und Backpulver mischen, sieben und in 2 Portionen auf mittlerer Stufe unterrühren, so dass Streusel entstehen.

4. Die Streusel auf ein Backblech (30 x 40 cm, gefettet) geben und gut andrücken. Vor den Teig (an der offenen Seite) einen mehrfach geknickten Streifen Alufolie als Rand legen oder einen Backrahmen darumstellen. Beiseite gestellte Pudding-Apfel-Masse auf dem Teig verteilen. Das Backblech in den Backofen schieben.

Ober-/Unterhitze: etwa 180 °C (vorgeheizt)
Heißluft: etwa 160 °C (vorgeheizt)
Gas: Stufe 2–3 (vorgeheizt)
Backzeit: etwa 30 Minuten.

5. Das Backblech auf einen Kuchenrost stellen. Den Kuchen erkalten lassen. Alufolie oder Backrahmen entfernen. Den Kuchen mit Hagelzucker bestreuen und in Schnitten schneiden.

Pro Stück:	
Eiweiß:	1,8 g
Fett:	2,6 g
Kohlenhydrate:	26,6 g
kJ:	605
kcal:	145

Pfirsich-Joghurt-Schnitten

(14 Stück)

Fruchtig – für Gäste

Zubereitungszeit: 45 Minuten, ohne Kühlzeit
Backzeit: etwa 30 Minuten

Zum Vorbereiten:

1 Dose	Pfirsichhälften (Abtropfgewicht 480 g)

Für den All-in-Teig:

250 g	Weizenmehl
1 Pck.	Dr. Oetker Backin
250 g	Zucker
1 Pck.	Dr. Oetker Vanillin-Zucker
3	Eier (Größe M)
250 ml (¼ l)	Buttermilch

Zum Bestreichen und Bestreuen:

2 EL	Aprikosenkonfitüre
1 EL	Wasser
10 g	gehackte Pistazienkerne

Für die Füllung:

6 Blatt	weiße Gelatine
250 g	Schichtkäse (20% Fett)
500 g	fettarmer Joghurt, Pfirsich-Maracuja-Geschmack (1,5% Fett)
50 g	gesiebter Puderzucker
1 EL	Zitronensaft

1. Zum Vorbereiten Pfirsichhälften gut abtropfen lassen. Die Hälfte der Pfirsichhälften in dünne Spalten (etwa 3 mm) schneiden. Restliche Pfirsichhälften klein würfeln, beiseite stellen.

2. Für den Teig aus den angegebenen Zutaten wie auf Seite 134 beschrieben einen All-in-Teig zubereiten. Den Teig auf einem Backblech (30 x 40 cm, gefettet, mit Backpapier belegt) glatt streichen. Die Hälfte des Teiges (20 x 30 cm) mit Pfirsichspalten belegen. Das Backblech in den Backofen schieben.

Ober-/Unterhitze: etwa 180 °C (vorgeheizt, unteres Drittel)
Heißluft: etwa 160 °C (vorgeheizt)
Gas: Stufe 2–3 (vorgeheizt, unteres Drittel)
Backzeit: etwa 30 Minuten.

3. Das Backblech auf einen Kuchenrost stellen. Konfitüre durch ein Sieb streichen, mit Wasser unter Rühren kurz aufkochen. Die mit Pfirsichspalten belegte Gebäckhälfte sofort damit bestreichen, mit Pistazienkernen bestreuen.

4. Die Gebäckplatte mit dem Backpapier vom Backblech auf einen Kuchenrost ziehen und erkalten lassen. Die Gebäckplatte in der Mitte so durchschneiden, dass eine Hälfte mit Pfirsichspalten und eine Hälfte ohne entsteht. Die Gebäckplatten evtl. mit Hilfe eines langen Messers vorsichtig vom Backpapier lösen.

5. Für die Füllung Gelatine nach Packungsanleitung einweichen. Schichtkäse mit Joghurt, Puderzucker und Zitronensaft verrühren. Gelatine in einem kleinen Topf unter Rühren erwärmen (nicht kochen), bis sie völlig gelöst ist, leicht abkühlen lassen. Zuerst 4 Esslöffel der Joghurtmasse mit der Gelatine verrühren, dann mit der restlichen Joghurtmasse verrühren, kalt stellen.

6. Ein Backblech oder eine sehr große Tortenplatte mit einem großen Stück Alufolie (etwa 65 x 55 cm) belegen, die nicht belegte Gebäckhälfte darauf legen. Überstehende Alufolie so falten und einschneiden, dass ein 4–5 cm hoher stabiler Rand entsteht, der als Backrahmen dient.

(Fortsetzung Seite 134)

Pro Stück:	
Eiweiß:	8,4 g
Fett:	3,3 g
Kohlenhydrate:	50,2 g
kJ:	1114
kcal:	266

7. Wenn die Joghurtmasse anfängt dicklich zu werden, dann die beiseite gestellten Pfirsichwürfel unterrühren. Die Masse auf der Gebäckplatte verteilen. Die mit Pfirsichspalten belegte Gebäckplatte darauf legen. Kuchen 4 Stunden kalt stellen. Vor dem Servieren Alufolie entfernen.

Früchte-Blech

(20 Stück) **Raffiniert – erfrischend**

Zubereitungszeit: 20 Minuten
Backzeit: etwa 30 Minuten

Zum Vorbereiten für den Belag:

2 Gläser	Wild-Preiselbeer-Dessert (Abtropfgewicht je 175 g)
1 Dose	Aprikosenhälften (Abtropfgewicht 240 g)
1 Dose	Ananasstücke (Abtropfgewicht 250 g)

Für den All-in-Teig:

375 g	Weizenmehl
1 Pck.	Dr. Oetker Backin
300 g	Zucker
1 Pck.	Dr. Oetker Vanillin-Zucker
3	Eier (Größe M)
200 ml	fettarme Milch (1,5% Fett)

Zum Aprikotieren:

4 EL	Ananaskonfitüre
1 EL	Wasser

1. Zum Vorbereiten Preiselbeer-Dessert, Aprikosenhälften und Ananasstücke getrennt in je einem Sieb gut abtropfen lassen. Aprikosenhälften jeweils einmal durchschneiden. Ananasstücke würfeln.

2. Für den Teig Mehl mit Backpulver mischen und in eine Rührschüssel sieben. Restliche Zutaten hinzufügen und mit Handrührgerät mit Rührbesen auf höchster Stufe in etwa 2 Minuten zu einem glatten Teig verarbeiten.

3. Den Teig auf ein Backblech (30 x 40 cm, gefettet, mit Backpapier belegt) geben und glatt streichen. Zuerst Preiselbeeren auf dem Teig verteilen, dann Aprikosen- und zuletzt Ananasstücke darauf legen. Das Backpapier unmittelbar vor dem Teig zur Falte knicken, so dass ein Rand entsteht. Das Backblech in den Backofen schieben.

Ober-/Unterhitze: etwa 180 °C (vorgeheizt, unteres Drittel)
Heißluft: etwa 160 °C (vorgeheizt)
Gas: Stufe 2–3 (vorgeheizt, unteres Drittel)
Backzeit: etwa 30 Minuten.

4. Das Backblech auf einen Kuchenrost stellen. Zum Aprikotieren Konfitüre durch ein Sieb streichen, in einem kleinen Topf mit Wasser unter Rühren aufkochen. Den heißen Kuchen sofort damit bestreichen. Den Kuchen erkalten lassen.

Pro Stück:	
Eiweiß:	3,6 g
Fett:	1,4 g
Kohlenhydrate:	41 g
kJ:	805
kcal:	192

Kleckselkuchen

(20 Stück) **Raffiniert**

Zubereitungszeit: 50 Minuten, ohne Abkühlzeit
Backzeit: etwa 25 Minuten

Zum Vorbereiten:

1 Pck.	Dr. Oetker Pudding-Pulver Mandel-Geschmack
400 ml	fettarme Milch (1,5% Fett)
4 EL	Zucker

Für den Quark-Öl-Teig:

400 g	Weizenmehl
1 Pck.	Dr. Oetker Backin
250 g	Speisequark (Magerstufe)
1	Eiweiß (Größe M)
90 g	Zucker
1 Prise	Salz
100 ml	fettarme Milch (1,5% Fett)
5 EL	Sonnenblumenöl

Für den Belag:

1 Glas	Apfelkompott (Einwaage 370 g)
200 g	Pflaumenmus

Zum Bestreichen:

1	Eigelb (Größe M)
2 EL	fettarme Milch (1,5% Fett)

1. Zum Vorbereiten Pudding-Pulver mit etwas Milch und Zucker anrühren. Restliche Milch in einem Topf zum Kochen bringen. Topf von der Kochstelle nehmen. Angerührtes Pudding-Pulver einrühren und unter Rühren gut kochen lassen. Pudding abkühlen lassen, dabei ab und zu umrühren, oder Frischhaltefolie auf den heißen Pudding legen.

2. Für den Teig Mehl mit Backpulver mischen, in eine Rührschüssel sieben. Quark, Eiweiß, Zucker, Salz, Milch und Öl hinzufügen. Die Zutaten mit Handrührgerät mit Knethaken zunächst kurz auf niedrigster, dann auf höchster Stufe in etwa 1 Minute zu einem Teig verarbeiten (nicht zu lange, Teig klebt sonst). Anschließend auf einer bemehlten Arbeitsfläche zu einer Rolle formen.

3. Drei Viertel des Teiges auf einem Backblech (30 x 40 cm, gefettet) ausrollen. Apfelkompott und Pflaumenmus als Kleckse darauf geben. Den Pudding in den Zwischenräumen verteilen.

4. Restlichen Teig auf einer gut bemehlten Arbeitsfläche zu einem Rechteck (etwa 22 x 28 cm) ausrollen, mit einem Gitterroller darüber rollen. Das Teiggitter auf die Apfelkompott-Pflaumenmus-Masse legen und vorsichtig auseinander ziehen. Die Ränder etwas andrücken.

5. Zum Bestreichen Eigelb mit Milch verschlagen. Die Teigstreifen damit bestreichen. Das Backblech in den Backofen schieben.

Ober-/Unterhitze: etwa 200 °C (vorgeheizt)
Heißluft: etwa 180 °C (vorgeheizt)
Gas: Stufe 3–4 (vorgeheizt)
Backzeit: etwa 25 Minuten.

6. Das Backblech auf einen Kuchenrost stellen. Den Kuchen erkalten lassen.

Tipp: Wenn kein Gitterroller vorhanden ist, den Teig in dünne Streifen schneiden und rautenartig auf den Belag legen. Sie können das Teiggitter auch auf bemehltem Backpapier aufrollen und auf dem Belag wieder abrollen.

Pro Stück:	
Eiweiß:	5,2 g
Fett:	4,0 g
Kohlenhydrate:	33,5 g
kJ:	795
kcal:	190

Zwetschenkuchen mit Amarettini-Kruste

(20 Stück) **Raffiniert**

Zubereitungszeit: 70 Minuten
Backzeit: etwa 30 Minuten

Zum Vorbereiten für den Belag:

1,5–1,75 kg	Zwetschen

Für den Quark-Öl-Teig:

300 g	Weizenmehl
3 gestr. TL	Dr. Oetker Backin
125 g	Speisequark (Magerstufe)
100 ml	Magermilch (0,3% Fett)
100 ml	Sonnenblumenöl
75 g	Zucker
1 Pck.	Dr. Oetker Vanillin-Zucker
1 Pck.	Dr. Oetker Finesse Orangenfrucht
1 Prise	Salz

Zum Bestreuen:

1 Pck. (100 g)	Amarettini-Kekse
1 Pck.	Dr. Oetker Vanillin-Zucker

1. Zum Vorbereiten Zwetschen waschen, gut abtropfen lassen und entsteinen. Zwetschen ein- aber nicht durchschneiden.

2. Für den Teig Mehl mit Backpulver mischen, in eine Rührschüssel sieben. Quark, Milch, Sonnenblumenöl, Zucker, Vanillin-Zucker, Orangenfrucht und Salz hinzufügen. Die Zutaten mit Handrührgerät mit Knethaken zunächst kurz auf niedrigster, dann auf höchster Stufe in etwa 1 Minute zu einem Teig verarbeiten (nicht zu lange, Teig klebt sonst).

3. Anschließend auf einer bemehlten Arbeitsfläche zu einer Rolle formen. Die Teigrolle in einer Fettfangschale oder auf einem Backblech (30 x 40 cm, gefettet) ausrollen. Zwetschen dicht an dicht dachziegelartig auf den Teig legen.

4. Zum Bestreuen Kekse in einen Gefrierbeutel geben, Beutel verschließen. Kekse mit einer Teigrolle zerbröseln. Keksbrösel mit Vanillin-Zucker mischen und auf die Zwetschen streuen. Die Fettfangschale oder das Backblech in den Backofen schieben.

Ober-/Unterhitze: etwa 180 °C (vorgeheizt)
Heißluft: etwa 160 °C (vorgeheizt)
Gas: Stufe 2–3 (vorgeheizt)
Backzeit: etwa 30 Minuten.

5. Die Fettfangschale oder das Backblech auf einen Kuchenrost stellen. Den Kuchen erkalten lassen und in Stücke schneiden.

Pro Stück:	
Eiweiß:	3,4 g
Fett:	5,8 g
Kohlenhydrate:	27,3 g
kJ:	745
kcal:	178

Zitronen-Preiselbeer-Schnecken

(20 Stück) **Einfach**

Zubereitungszeit: 35 Minuten, ohne Teiggehzeit
Backzeit: etwa 20 Minuten je Backblech

Für den Hefeteig:

500 g	Weizenmehl
1 Pck.	Dr. Oetker Trockenbackhefe
50 g	Zucker
1 Pck.	Dr. Oetker Vanillin-Zucker
1 Prise	Salz
2 Pck.	Dr. Oetker Finesse Geriebene Zitronenschale
2	Eier (Größe M)
100 g	zerlassene abgekühlte Halbfettmargarine (39% Fett)
150 ml	lauwarme fettarme Milch (1,5% Fett)

Für die Füllung:

1 Pck.	Backfeste Pudding-Creme
250 ml (¼ l)	fettarme Milch (1,5% Fett)
300 g	Wild-Preiselbeeren aus dem Glas

Zum Aprikotieren:

4 EL	Aprikosenkonfitüre
2 EL	Wasser

1. Für den Teig Mehl in eine Rührschüssel sieben, mit Trockenbackhefe sorgfältig vermischen. Zucker, Vanillin-Zucker, Salz, Zitronenschale, Eier, Margarine und Milch hinzufügen. Die Zutaten mit Handrührgerät mit Knethaken zunächst kurz auf niedrigster, dann auf höchster Stufe in etwa 5 Minuten zu einem Teig verarbeiten. Den Teig zugedeckt so lange an einem warmen Ort stehen lassen, bis er sich sichtbar vergrößert hat.

2. Den Teig leicht mit Mehl bestäuben, aus der Schüssel nehmen, auf einer bemehlten Arbeitsfläche nochmals kurz durchkneten und zu einem Rechteck (etwa 30 x 40 cm) ausrollen.

3. Für die Füllung Pudding-Creme mit Milch nach Packungsanleitung zubereiten, Preiselbeeren unterrühren. Die Creme mit Hilfe einer Teigkarte auf dem Teig verteilen, dabei einen etwa 1 cm breiten Rand frei lassen.

4. Den Teig von der längeren Seite her aufrollen und in etwa 2 cm dicke Scheiben schneiden (am besten mit einem Sägemesser).

5. Teigscheiben auf Backbleche (gefettet, mit Backpapier belegt) legen. Teigscheiben zugedeckt nochmals so lange an einem warmen Ort gehen lassen, bis sie sich sichtbar vergrößert haben. Die Backbleche nacheinander (bei Heißluft zusammen) in den Backofen schieben.

Ober-/Unterhitze: etwa 180 °C (vorgeheizt, unteres Drittel)
Heißluft: etwa 160 °C (vorgeheizt)
Gas: Stufe 2–3 (vorgeheizt, unteres Drittel)
Backzeit: etwa 20 Minuten je Backblech.

6. Die Backbleche auf Kuchenroste stellen. Zum Aprikotieren Konfitüre durch ein Sieb streichen, mit Wasser in einem kleinen Topf unter Rühren etwas einkochen lassen. Die Schnecken sofort damit bestreichen.

7. Schnecken mit dem Backpapier von den Backblechen auf Kuchenroste ziehen. Schnecken erkalten lassen.

Pro Stück:	
Eiweiß:	4,4 g
Fett:	3,3 g
Kohlenhydrate:	35,4 g
kJ:	792
kcal:	189

Apfel-Vanille-Törtchen

(12 Stück) **Für Kinder**

Zubereitungszeit: 50 Minuten, ohne Kühlzeit
Backzeit: etwa 10 Minuten je Backblech

Für den Krokant:

25 g	Zucker
10 g	Butter
50 g	abgezogene, gehackte Mandeln

Für den Biskuitteig:

2	Eier (Größe M)
2 EL	Apfelsaft oder Wasser
75 g	Zucker
1 Pck.	Dr. Oetker Vanillin-Zucker
100 g	Weizenmehl
½ gestr. TL	Dr. Oetker Backin
1 Msp.	gemahlener Zimt

Für den Belag:

250 ml (¼ l)	Bourbon-Vanillesauce (aus dem Kühlregal)
1 Pck.	Quarkfein Vanille-Geschmack
125 g	Speisequark (Magerstufe)
knapp ½ Glas (135 g)	Apfelkompott

1. Für den Krokant Zucker und Butter in einer beschichteten Pfanne zerlassen. Mandeln hinzugeben, unter Rühren leicht bräunen, herausnehmen und auf Backpapier erkalten lassen. Mandeln evtl. mit einer Teigrolle etwas zerkleinern.

2. Für den Teig Eier und Apfelsaft oder Wasser mit Handrührgerät mit Rührbesen auf höchster Stufe in 1 Minute schaumig schlagen. Zucker und Vanillin-Zucker mischen, in 1 Minute einstreuen, dann noch etwa 2 Minuten schlagen.

3. Mehl mit Backpulver und Zimt mischen, die Hälfte davon auf die Eiercreme sieben, kurz auf niedrigster Stufe unterrühren. Restliches Mehlgemisch auf die gleiche Weise unterarbeiten.

4. Jeweils gut 1 Esslöffel des Teiges in etwas größeren Abständen auf Backbleche (gefettet, mit Backpapier belegt) verteilen. Es müssen insgesamt 12 Teighäufchen entstehen. Die Teighäufchen mit der Hälfte des vorbereiteten Krokants bestreuen. Die Backbleche nacheinander (bei Heißluft zusammen) in den Backofen schieben.

Ober-/Unterhitze: etwa 180 °C (vorgeheizt)
Heißluft: etwa 160 °C (vorgeheizt)
Gas: Stufe 2–3 (vorgeheizt)
Backzeit: etwa 10 Minuten je Backblech.

5. Die Törtchen mit dem Backpapier von den Backblechen auf Kuchenroste ziehen. Törtchen etwas abkühlen lassen, dann vom Backpapier lösen und auf eine Kuchenplatte legen.

6. Für den Belag Vanillesauce mit Quarkfein und Quark verrühren. Die Quarkmasse auf den Törtchen verteilen und leicht glatt streichen. In die Mitte jeweils knapp 1 Esslöffel des Apfelkompotts geben und mit dem restlichen Krokant bestreuen. Die Törtchen etwa 1 Stunde kalt stellen.

Tipp: Schneller geht es, wenn Sie 50 g fertig gekauften Haselnusskrokant verwenden.

Pro Stück:	
Eiweiß:	4,9 g
Fett:	4,8 g
Kohlenhydrate:	25,4 g
kJ:	692
kcal:	165

Biskuit-Omeletts mit Traubenfüllung

(9 Stück) **Für Gäste**

Zubereitungszeit: 40 Minuten, ohne Kühlzeit
Backzeit: etwa 12 Minuten je Backblech

Für den Biskuitteig:

3	Eier (Größe M)
1	Eigelb (Größe M)
50 g	Zucker
1 Pck.	Dr. Oetker Vanillin-Zucker
60 g	Weizenmehl
1 gestr. TL	Dr. Oetker Backin

Für die Füllung:

4 Blatt	weiße Gelatine
1 Becher (200 g)	Hüttenkäse (4,3 % Fett)
250 g	Speisequark (Magerstufe)
4 EL	Ahornsirup oder Honig
je 50 g	grüne und blaue kernlose Weintrauben

Zum Bestäuben:

2 EL	Puderzucker

1. Für den Teig Eier und Eigelb mit Handrührgerät mit Rührbesen auf höchster Stufe in 1 Minute schaumig schlagen. Zucker und Vanillin-Zucker in 1 Minute einstreuen, dann noch etwa 2 Minuten schlagen. Mehl mit Backpulver mischen, auf die Eiercreme sieben, kurz auf niedrigster Stufe unterrühren.

2. Aus dem Teig 9 runde Platten (Ø etwa 10 cm) auf Backbleche (mit Backpapier belegt) streichen. Die Backbleche nacheinander (bei Heißluft zusammen) in den Backofen schieben.

Ober-/Unterhitze: etwa 200 °C (vorgeheizt)
Heißluft: etwa 180 °C (vorgeheizt)
Gas: Stufe 3–4 (vorgeheizt)
Backzeit: etwa 12 Minuten je Backblech.

3. Die Biskuitplatten sofort auf Backpapier stürzen, erkalten lassen, dann mitgebackenes Backpapier abziehen. Biskuitplatten zur Hälfte überklappen.

4. Für die Füllung Gelatine in kaltem Wasser nach Packungsanleitung einweichen, leicht ausdrücken. Die ausgedrückte Gelatine in einem kleinen Topf unter Rühren erwärmen (nicht kochen), bis sie völlig gelöst ist, leicht abkühlen lassen. Hüttenkäse, Quark und Ahornsirup oder Honig verrühren. Die Gelatine mit etwas von der Käsecreme verrühren, dann mit der restlichen Käsecreme verrühren. Creme gut 30 Minuten kalt stellen.

5. Weintrauben waschen, abtropfen lassen, entstielen und trockentupfen. Weintrauben je nach Größe längs halbieren oder vierteln. Weintrauben unter die Käsecreme heben, nochmals 30 Minuten kalt stellen, Creme fest werden lassen.

6. Die Omeletts mit der Käse-Weintrauben-Creme füllen. Die Oberfläche mit Puderzucker bestäuben und bis zum Servieren kalt stellen.

Pro Stück:	
Eiweiß:	10,8 g
Fett:	3,9 g
Kohlenhydrate:	23,4 g
kJ:	727
kcal:	173

Hefewaffeln

(6 Stück) **Beliebt**

Zubereitungszeit: 45 Minuten

Für den Schüttelteig:

200 g	Weizenmehl (Type 550)
1 Pck.	Dr. Oetker Hefeteig Garant
250 ml (¼ l)	fettarme Milch (1,5% Fett)
2 EL	Zucker
1 Prise	Salz
1	Ei (Größe M)
15 g	zerlassene abgekühlte Butter oder Margarine

Zum Bestäuben:
Puderzucker

1. Für den Teig Mehl in eine verschließbare Schüssel (3-Liter-Inhalt) sieben, mit Hefeteig Garant mischen. Milch, Zucker, Salz, Ei und Butter oder Margarine hinzufügen. Schüssel mit dem Deckel fest verschließen.

2. Mehrmals (insgesamt 15–30 Sekunden) kräftig schütteln, so dass alle Zutaten gut vermischt sind. Alles mit einem Schneebesen oder Rührlöffel nochmals sorgfältig durchrühren, damit vor allem trockene Zutaten vom Rand mit untergerührt werden.

3. Den Teig in kleinen Portionen in ein gut erhitztes Waffeleisen (gefettet) geben. Die Waffeln goldbraun backen und einzeln auf einen Kuchenrost legen. Waffeln warm oder kalt mit Puderzucker bestäubt servieren.

Tipp: Servieren Sie die Waffeln mit Roter Grütze aus dem Kühlregal.

Pro Stück:	
Eiweiß:	6,5 g
Fett:	4,9 g
Kohlenhydrate:	33,0 g
kJ:	877
kcal:	209

Kirsch-Marzipan-Täschchen

(12 Stück)

Dauert etwas länger

Zubereitungszeit: 55 Minuten, ohne Abkühlzeit
Backzeit: etwa 20 Minuten

Zum Vorbereiten:

1 Glas	Sauerkirschen (Abtropfgewicht 350 g)
1 Pck.	Dr. Oetker Pudding-Pulver Mandel-Geschmack
4 EL	Wasser

Für den Quark-Öl-Teig:

300 g	Weizenmehl
1 Pck.	Dr. Oetker Backin
125 g	Speisequark (Magerstufe)
7 EL	Magermilch (0,3% Fett)
4 EL	Sonnenblumenöl
75 g	Zucker
1 Pck.	Dr. Oetker Vanillin-Zucker
½ Fläschchen	Bittermandel-Aroma

100 g	klein geschnittene Marzipan-Rohmasse
35 g	abgezogene, gehobelte Mandeln

Für den Guss:

100 g	gesiebter Puderzucker
2 EL	heißes Wasser

1. Zum Vorbereiten Sauerkirschen in einem Sieb abtropfen lassen, den Saft dabei auffangen. Pudding-Pulver mit Wasser anrühren. Den Saft in einem Topf zum Kochen bringen. Angerührtes Pudding-Pulver unter Rühren in den von der Kochstelle genommenen Saft geben und aufkochen lassen. Sauerkirschen unterheben und nochmals unter Rühren kurz aufkochen lassen.

2. Für den Teig Mehl mit Backpulver mischen, in eine Rührschüssel sieben. Quark, Milch, Sonnenblumenöl, Zucker, Vanillin-Zucker und Aroma hinzufügen. Die Zutaten mit Handrührgerät mit Knethaken zunächst kurz auf niedrigster, dann auf höchster Stufe in etwa 1 Minute zu einem Teig verarbeiten (nicht zu lange, Teig klebt sonst).

3. Anschließend auf einer bemehlten Arbeitsfläche zu einer Rolle formen. Teigrolle zuerst zu einem Rechteck (etwa 48 x 36 cm) ausrollen, dann 12 Quadrate (etwa 12 x 12 cm) ausschneiden.

4. Jedes Teigquadrat mit etwas von der Kirschmasse und dem klein geschnittenen Marzipan belegen (Rand dabei frei lassen). Teigränder mit Wasser bestreichen, überklappen und festdrücken, evtl. mit Hilfe eines Rührlöffels. Die gefüllten Täschchen auf ein Backblech (mit Backpapier belegt) legen. Das Backblech in den Backofen schieben.

Ober-/Unterhitze: etwa 180 °C (vorgeheizt)
Heißluft: etwa 160 °C (vorgeheizt)
Gas: Stufe 2–3 (vorgeheizt)
Backzeit: etwa 20 Minuten.

5. Das Gebäck mit dem Backpapier vom Backblech auf einen Kuchenrost ziehen. Gebäck erkalten lassen.

6. Mandeln in einer Pfanne ohne Fett hellbraun rösten und auf einem Teller erkalten lassen.

7. Für den Guss Puderzucker und Wasser zu einer dickflüssigen Masse verrühren. Kirsch-Marzipan-Täschchen damit überziehen, sofort mit Mandeln bestreuen. Guss fest werden lassen.

Pro Stück:

Eiweiß:	6,4 g
Fett:	8,4 g
Kohlenhydrate:	49,1 g
kJ:	1254
kcal:	299

Pflaumenteilchen mit Zimtstreuseln

(8 Stück) **Für Kinder**

Zubereitungszeit: 50 Minuten, ohne Abkühlzeit
Backzeit: etwa 20 Minuten je Backblech

Zum Vorbereiten:

1 Glas	Pflaumenhälften (Abtropfgewicht 385 g)
25 g	gesiebte Speisestärke
30 g	Zucker
½ Pck.	Dr. Oetker Finesse Geriebene Zitronenschale

Für den Quark-Öl-Teig:

200 g	Weizenmehl
2 gestr. TL	Dr. Oetker Backin
125 g	Speisequark (Magerstufe)
40 g	Zucker
1 Pck.	Dr. Oetker Vanillin-Zucker
½ Pck.	Dr. Oetker Finesse Geriebene Zitronenschale
5 EL	fettarme Milch (1,5% Fett)
2 EL	Sonnenblumenöl

Für die Streusel:

2	Zwiebäcke (je 10 g)
25 g	zerlassene abgekühlte Halbfettbutter (39% Fett)
1 EL	Weizenmehl
1 EL	Hagelzucker
½ TL	gemahlener Zimt

1. Zum Vorbereiten Pflaumenhälften in einem Sieb abtropfen lassen. Den Saft dabei auffangen. Speisestärke mit 4 Esslöffeln des Pflaumensaftes anrühren. Restlichen Pflaumensaft in einem kleinen Topf mit Zucker und Zitronenschale zum Kochen bringen. Angerührte Speisestärke unter Rühren in den von der Kochstelle genommenen Saft geben, kurz aufkochen lassen. Die Pflaumenhälften unterheben, etwas abkühlen lassen.

2. Für den Teig Mehl mit Backpulver mischen, in eine Rührschüssel sieben. Quark, Zucker, Vanillin-Zucker, Zitronenschale, Milch und Sonnenblumenöl hinzufügen. Die Zutaten mit Handrührgerät mit Knethaken zunächst kurz auf niedrigster, dann auf höchster Stufe in etwa 1 Minute zu einem Teig verarbeiten (nicht zu lange, Teig klebt sonst).

3. Anschließend auf einer bemehlten Arbeitsfläche zu einer Rolle formen. Teigrolle in 8 Portionen teilen und 8 gleich große Kugeln daraus formen. Teigkugeln zu je einer runden Platte (Ø etwa 12 cm) ausrollen oder mit einem Förmchen (Ø 10 cm) ausstechen. Die Teigplatten auf Backbleche (mit Backpapier belegt) legen, Teig mit einer Gabel mehrmals einstechen. Pflaumenkompott darauf verteilen, dabei am Rand etwas frei lassen.

4. Für die Streusel Zwiebäcke in einen kleinen Gefrierbeutel geben, Beutel verschließen. Zwiebäcke mit einer Teigrolle fein zerbröseln und in eine Rührschüssel geben. Halbfettbutter, Mehl, Hagelzucker und Zimt hinzugeben. Die Zutaten zu Streuseln von gewünschter Größe verkneten und auf das Pflaumenkompott streuen. Die Backbleche nacheinander (bei Heißluft zusammen) in den Backofen schieben.

Ober-/Unterhitze: etwa 180 °C (vorgeheizt)
Heißluft: etwa 160 °C (vorgeheizt)
Gas: Stufe 2–3 (vorgeheizt)
Backzeit: etwa 20 Minuten je Backblech.

5. Die Teilchen mit dem Backpapier von den Backblechen auf Kuchenroste ziehen und erkalten lassen.

Pro Stück:	
Eiweiß:	6,1 g
Fett:	4,4 g
Kohlenhydrate:	50,6 g
kJ:	1124
kcal:	268

Schnecken mit Aprikosen-Quark-Füllung (10 Stück)

Für Kinder

Zubereitungszeit: 40 Minuten
Backzeit: etwa 20 Minuten

Zum Vorbereiten für die Füllung:

200 g	getrocknete Aprikosen (Softfrüchte)
50 ml	Wasser oder Fruchtsaft
1	Eigelb (Größe M)
250 g	Speisequark (Magerstufe)
1	Eiweiß (Größe M)

Für den Quark-Öl-Teig:

300 g	Weizenmehl
3 TL	Dr. Oetker Backin
125 g	Speisequark (Magerstufe)
100 ml	Magermilch (0,3% Fett)
50 ml	Sonnenblumenöl
75 g	Zucker
1 Pck.	Dr. Oetker Finesse Geriebene Zitronenschale

Zum Bestreuen:

1 Pck.	Dr. Oetker Vanillin-Zucker
½ TL	gemahlener Zimt
1 EL	abgezogene, gehobelte Mandeln

Außerdem:

20	Papierbackförmchen

1. Zum Vorbereiten Aprikosen klein schneiden, mit Wasser oder Saft mischen. Eigelb mit Quark verrühren. Eiweiß sehr steif schlagen und unterziehen. Die klein geschnittenen Aprikosen unterheben.

2. Für den Teig Mehl mit Backpulver mischen und in eine Rührschüssel sieben. Quark, Milch, Sonnenblumenöl, Zucker und Zitronenschale hinzufügen. Die Zutaten mit Handrührgerät mit Knethaken zunächst kurz auf niedrigster, dann auf höchster Stufe in etwa 1 Minute zu einem Teig verarbeiten (nicht zu lange, Teig klebt sonst).

3. Anschließend auf einer bemehlten Arbeitsfläche zu einer Rolle formen und zu einem Rechteck (etwa 48 x 25 cm) ausrollen. Aprikosen-Quark-Masse darauf verteilen, am Rand etwa 2 cm frei lassen. Den Teig von der längeren Seite her aufrollen.

4. Jeweils 2 ineinander gestellte Papierbackförmchen auf einem Backblech verteilen. Teigrolle in etwa 4 cm dicke Scheiben schneiden. Teigscheiben waagerecht in die Papierbackförmchen legen.

5. Zum Bestreuen Vanillin-Zucker mit Zimt mischen. Zimtzucker auf die Teigröllchen streuen. Mandeln darauf verteilen. Das Backblech in den Backofen schieben.

Ober-/Unterhitze: etwa 180 °C (vorgeheizt)
Heißluft: etwa 160 °C (vorgeheizt)
Gas: Stufe 2–3 (vorgeheizt)
Backzeit: etwa 20 Minuten.

6. Die Schnecken mit den Papierbackförmchen vom Backblech nehmen und auf einem Kuchenrost erkalten lassen.

Tipp: Sie können die Schnecken auch in einer Muffinform (für 12 Muffins) backen. Besonders saftig werden die Schnecken, wenn Sie statt der getrockneten Aprikosen gut abgetropfte Aprikosenhälften aus der Dose (Abtropfgewicht 240 g) verwenden.

Pro Stück:	
Eiweiß:	10,7 g
Fett:	7,0 g
Kohlenhydrate:	43,0 g
kJ:	1178
kcal:	281

Ananas-Kokos-Muffins (12 Stück)

Mit Alkohol

Zubereitungszeit: 30 Minuten
Backzeit: etwa 30 Minuten

Zum Vorbereiten:

1 kleine Dose	geraspelte Ananas (Abtropfgewicht 278 g)

Für die Baisermasse:

2	Eiweiß (Größe M)
100 g	Zucker
1 Pck.	Dr. Oetker Vanillin-Zucker
30 g	Kokosraspel

Für den Rührteig:

40 g	Halbfettbutter (39% Fett)
100 g	Zucker
1 Pck.	Dr. Oetker Vanillin-Zucker
3	Eigelb (Größe M)
130 g	Weizenmehl
2 gestr. TL	Dr. Oetker Backin
2–3 EL	Batida de Coco (Kokoslikör)

1. Zum Vorbereiten Ananas in einem Sieb abtropfen lassen und anschließend gut ausdrücken.

2. Für die Baisermasse Eiweiß mit Handrührgerät mit Rührbesen auf höchster Stufe steif schlagen, der Schnee muss so fest sein, dass ein Messerschnitt sichtbar bleibt, nach und nach Zucker und Vanillin-Zucker kurz unterschlagen. Zwei Drittel der Kokosraspel vorsichtig unterheben.

3. Für den Teig Halbfettbutter mit Handrührgerät mit Rührbesen auf höchster Stufe geschmeidig rühren. Nach und nach Zucker und Vanillin-Zucker unterrühren. So lange rühren, bis eine gebundene Masse entstanden ist.

4. Eigelb nach und nach unterrühren (jedes Eigelb knapp ½ Minute). Mehl mit Backpulver mischen, sieben, in 2 Portionen abwechselnd mit Batida de Coco auf mittlerer Stufe unterrühren. Ananasraspel unterheben.

5. Den Teig in eine Muffinform (für 12 Muffins, mit Papierbackförmchen ausgelegt) geben. Baisermasse darauf verteilen und restliche Kokosraspel darauf streuen. Die Form auf dem Rost in den Backofen schieben.

Ober-/Unterhitze: etwa 180 °C (vorgeheizt)
Heißluft: etwa 160 °C (vorgeheizt)
Gas: Stufe 2–3 (vorgeheizt)
Backzeit: etwa 30 Minuten.

6. Die Muffins etwa nach der Hälfte der Backzeit mit Backpapier zudecken, da Kokosraspel zu schnell bräunen.

7. Die Muffins etwa 10 Minuten in der Form stehen lassen, dann aus der Form nehmen und auf einem Kuchenrost erkalten lassen.

Tipp: Wenn Sie keine Ananasraspel bekommen, können Sie auch Ananasscheiben in kleine Stücke schneiden und in einem Sieb abtropfen lassen.

Pro Stück:	
Eiweiß:	3,3 g
Fett:	4,7 g
Kohlenhydrate:	31,6 g
kJ:	825
kcal:	197

Die richtige Wahl ist „leicht“

Leichter Back-Genuss ist kein Geheimnis, sondern fängt bei der Auswahl der der Zutaten an.

Wenn es um fettarmes Backen geht, sind einige Teige besondere Favoriten: Hefeteig, Baiser, Quark-Öl-Teig, Biskuit (kein Wiener Boden!) oder die modernen All-In-Teige (alles wird auf einmal verrührt) sind genau richtig. Denn hier wird für die Zubereitung überhaupt kein oder nur sehr wenig Fett benötigt. Idealerweise kombiniert man dieses Gebäck dann mit reichlich frischem Obst (am besten Saisonware) oder aromatischen Früchten aus der Tiefkühltruhe oder Dose (gibt es auch ohne Zuckerzusatz!). Je mehr Früchte, desto besser, denn Sie liefern viel Geschmack, aber kein zusätzliches Fett.
Für leichte Cremes sind fettarme Milchprodukten wie Joghurt, Dickmilch oder Buttermilch die erste Wahl, so wird aus jedem Kuchen oder jeder Torte ein unbeschwerter Genuss.

Zurückhaltung ist übrigens bei Nüssen, Kokosflocken und Schokolade angesagt – alle enthalten reichlich Fett, deshalb sparsam verwenden.

Klassiker auf leichte Art

Aber auch die Klassiker wie Rühr- oder Knet-(Mürbe-) teig, die üblicherweise mit reichlich Fett gerührt oder geknetet werden, lassen sich mit ein paar Tricks auf neue, leichtere Art zubereiten.
Unsere Rezepte beweisen: Der Geschmack muss dabei nicht zu kurz kommen!
Butter oder Margarine wurden zum Beispiel in vielen Rezepte durch entsprechend fettreduzierte oder Halbfettprodukte ersetzen. Damit lässt sich im Handumdrehen zwischen ca. 16 bis zu knapp 50 Prozent Fett pro Rezept einsparen!

Achten Sie beim Einkauf bitte auf die Herstellerhinweise. Einige Sorten eignen sich nur als Brotaufstrich (auf der Packung vermerkt), andere lassen sich problemlos zum Backen verwenden.

Genial einfach – einfach leicht

Bei üppigen Torten, deren Cremes durch Sahne schön luftig werden, gibt es einen tollen Fettspartrick: ein Teil der fettreichen Sahne wird einfach durch steif geschlagenes Eiweiß ersetzt. Das macht die Creme oder Füllung ebenso luftig, liefert aber absolut kein zusätzliches Fett – genial einfach und viel leichter!

Wichtig dabei ist aber in jedem Fall, das Sie beim Einkauf auf besondere Qualität der Eier achten, denn Sie werden ja roh verzehrt. Wählen Sie deshalb extrafrische oder legefrische Eier der A-Qualität. Besonders in den heißen Sommermonaten müssen Eiweiß und damit zubereitete Cremes immer gut gekühlt werden, da sie ansonsten leicht verderben können.

Ob für den Teig oder als erfrischende Füllung: Bei Joghurt, Quark, Dickmilch oder Frischkäse gibt es in jedem gut sortierten Kühlregal eine tolle Auswahl mit geringem Fettgehalt. Wer auf die Nährwertangaben und den Fettgehalt achtet und stets die fettärmere Variante wählt, kann ganz einfach reichlich Fettkalorien sparen.

Modernes Backen braucht kein zusätzliches Fett

Zusätzliches Einfetten von Formen oder Blechen ist heutzutage absolut überflüssig. Verwenden Sie Backpapier oder moderne antihaft-beschichtete Formen, aus denen sich auch fettarme Kuchen problemlos lösen lassen. Für kleine Teilchen oder z. B. Muffinformen sind passende Papierbackförmchen einfach ideal. Sie lassen sich nach Erkalten des Gebäcks einfach abziehen.

Hier noch einmal in der Kurz-Übersicht:

Die besten Tipps, Tricks und Infos rund um die fettarme Backstube:

- Hefeteig, Baiser, Quark-Öl-Teig, Biskuit (kein Wiener Boden!) oder einige All-In-Teige werden mit wenig oder gar keinem Fett zubereitet – sind also immer eine gute Wahl.
- In einigen sogenannten All-In-Teigen lässt sich ein Teil oder alles Fett durch z. B. Buttermilch, Joghurt oder Fruchtpüree ersetzen. Ideal für saftige Kuchen aus der Form, Muffins oder Blechkuchen.
- Wenig Teig, viel Frucht, das ist die Zauberformel für leichten Kuchengenuss. Am besten saisonfrische Früchte verwenden. Die aromatischste Alternative: tiefgekühltes Obst.
- Milchprodukte mit niedrigem Fettgehalt wie Joghurt, Dick- oder Buttermilch für Cremes und Füllungen verwenden.
- Halbfettbutter/-margarine oder Joghurtbutter sind für viele Rezepte eine tolle Alternative, mit der sich im Handumdrehen Fett einsparen lässt. Beim Einkauf darauf achten, ob sie laut Hersteller auch wirklich zum Backen geeignet sind. Bei der Zubereitung mit diesen Fettarten genau nach Rezeptanweisung vorgehen.

Kochen

Backen

Hinweis
Wenn Sie Anregungen, Vorschläge oder Fragen zu unseren Büchern haben, rufen Sie unter folgenden Nummern an: 05 21/1 55 25 80 oder 0521/52 06 58 oder schreiben Sie an: Dr. Oetker Verlag KG, Redaktion Sonderprojekte, Am Bach 11, 33602 Bielefeld oder besuchen Sie uns im Internet unter www.oetker.de

Wir danken für die freundliche Unterstützung Seeberger KG, Ulm

2. Auflage
Genehmigte Lizenzausgabe für den Wilhelm Heyne Verlag, München, in der Verlagsgruppe Random House GmbH.
www.heyne.de
Printed in Germany 2007

Redaktion Jasmin Gromzik, Miriam Krampitz

Titelfoto Thomas Diercks, Hamburg
Innenfotos Thomas Diercks, Hamburg

Rezeptentwicklung und -beratung Dr. Oetker Versuchsküche, Bielefeld

Nährwertberechnungen Nutri Service, Hennef

Grafisches Konzept kontur:design GmbH, Bielefeld
Gestaltung M•D•H Haselhorst, Bielefeld
Umschlaggestaltung kontur:design GmbH, Bielefeld

Druck und Bindung Offizin Andersen Nexö, Leipzig

ISBN: 978-3-453-85510-6